面向东盟的金融开放门户
改革创新典型案例

（2023）

TYPICAL CASES OF REFORM AND INNOVATION OF
THE OPEN FINANCIAL DOOR TO ASEAN (2023)

中共广西壮族自治区委员会金融委员会办公室　编

社会科学文献出版社
SOCIAL SCIENCES ACADEMIC PRESS (CHINA)

面向东盟的金融开放门户改革创新典型案例（2023）编委会

莫璐荧　刘晴晴　吴　绮　刘青林　程美燕
杜英俊　黄素霞　李　聪　胡志武　廖　春
陆信宇　张永丽　甘日栋　崔志宏　郑睿蓉
陈　龙　单瀚章　唐子雁　罗辉芳　梁馨匀
蔡耀卿　曾肆业　吕端周　曾　鑫　叶　文
周丽芬　钟　翀　杞会云　周永雄　李佳鑫
陈乐茵　张　超　陈世青　卢　布　谭　砚
潘保琦　蒋　涛　唐尚亮　李屹涛　孔繁明
姜俊均　粟华勇　何岩松　李佩鸿　陆启周
蒋辛如

前　言

　　2023 年是建设面向东盟的金融开放门户战略实施的第五年。广西金融系统认真贯彻落实中央、自治区的重大决策部署，以推进金融高质量发展为主题，在深化金融体制机制改革上持续发力，为新时代壮美广西建设提供强有力支撑，为我国全面深化金融改革开放探索可复制、可推广的经验。

　　推动人民币跨境循环使用成效显著。广西立足自身优势，深耕东盟区域，稳慎扎实推进人民币跨境循环使用，为人民币国际化探索有效实践路径。强化人民币计价结算功能，2023 年，全区跨境人民币结算量4875 亿元，较 2018 年增长近 3 倍，结算量保持全国西部和边境省份第一，同比增长 120.5%，创 10 年来新高。强化人民币跨境投融资功能，中马钦州产业园区金融创新试点实现三次复制推广，业务规模达 325 亿元。积极探索人民币对东盟国家货币汇率形成机制，推出人民币对东盟国家货币柜台直接挂牌交易，为企业提供透明的货币兑换价格。数字人民币试点全国首创边境小额贸易、海运互市贸易等 4 个应用场景，设立全国首个个人数字人民币外币兑换窗口。

　　金融服务实体经济质效持续提升。2023 年广西社会融资规模实现增量 7868.07 亿元，创历史新高，同比多增 916.29 亿元。2023 年末，广西本外币贷款余额 4.98 万亿元，同比增长 11.37%；人民币贷款余额4.94 万亿元，同比增长 11.75%，排全国第 9 位、西部省份第 3 位。全年本外币存款、贷款分别新增 3854.82 亿元、5083.26 亿元，增量双创历史新高。加大对重大战略、重点领域和薄弱环节的金融支持力度。其中，基建领域贷款增加 2783.78 亿元，同比多增 340.70 亿元，有效保障项目建设资金需求；工业贷款、涉农贷款、普惠小微企业贷款分别增加 1372.90 亿元、1753.57 亿元和 796.75 亿元，同比多增 202.87 亿元、70.79 亿元和 76.51 亿元。2023 年企业贷款加权平均利率降至 3.89%，处于 2008 年以来的低位。全年投放"桂惠贷"2815.98 亿元，贷款加权平均利率仅为 2.98%，惠及 13.43 万户市场主体。通过降息降价降费，叠加"桂惠贷"等财政政策优惠，累计为实体经济减负 130 多亿元。

金融运行保持安全稳定。坚持把防控风险作为金融工作的永恒主题，强化风险预警，分类施策推进重点领域风险化解，广西金融运行保持安全稳定，上市公司质量稳步提高。2023 年末，广西银行业不良贷款率 1.50%，低于全国同期 0.12 个百分点。落实好房地产金融政策，剔除提前还款因素，2023 年末，全区房地产贷款余额实现正增长；累计为 183 个保交楼项目提供配套融资 127.87 亿元，长期排全国前列。广西农合机构改革有序推进，2023 年末，存款、贷款余额分别居全国农信系统第 2、8 位。桂林银行总资产规模突破 5000 亿元，成为广西首家迈入中型商业银行之列的城商行。

在良好的金融发展氛围中，许多优秀改革创新案例涌现出来。为了更好地推广学习这些优秀案例的创新经验，调动各方积极性，鼓励和引导更多的优秀创新项目落地，中共广西壮族自治区委员会金融委员会办公室特将部分典型案例进行集合出版。限于组织者的能力和水平，所选案例可能存在一些错漏和不足，敬请读者批评指正！

目 录 ⤵

| 十大案例

II 优秀案例

III 其他案例

I 十大案例

建设跨境金融"港航融"，打造西部陆海新通道重要金融基础设施

中国人民银行广西壮族自治区分行（以下简称"人民银行广西分行"）聚力做好金融"五篇大文章"，推动科技金融和数字金融创新和发展，建设跨境金融"港航融"平台，构建全国首个进出口双向物流融资模式，实现"综合金融+智慧物流"对接联动，打造西部陆海新通道建设中北接西安、西连成渝、南通东盟、拓展全球的重要金融基础设施，切实助力广西金融高质量发展、高水平开放。2023年9月18日举办的第15届中国—东盟金融合作与发展领袖论坛上，在自治区党委书记刘宁、自治区政府主席蓝天立、国家外汇管理局副局长郑薇等领导共同见证下，"港航融"平台正式启动上线，助力面向东盟的金融开放门户建设。

一 案例简介

（一）背景情况

人民银行广西分行在推动国家外汇管理局跨境金融服务平台应用取

得显著成效的过程中，主动思考，通过解剖式调研，敏锐发现进一步推动广西跨境金融发展面临的机遇。

1. 广西为落实习近平总书记殷切希望所推出的一系列举措创造了良好的政策背景

党中央对广西发展的重视程度达到了新的高度，广西发展面临前所未有的机遇。2017 年、2021 年、2023 年习近平总书记三次到广西考察，2022 年习近平总书记参加党的二十大广西代表团讨论，均提出"建设新时代中国特色社会主义壮美广西"的要求。自治区党委、政府在加快构建以国内大循环为主体、国内国际双循环相互促进的新发展格局过程中，大力支持各部门创新工作，为金融创新发展营造了浓厚的氛围。

2. 提升金融服务实体经济质效是地方发展之需、群众之盼

广西既沿海又沿边，毗邻粤港澳，通衢东南亚，区位优势得天独厚，要发挥广西"边"的优势、"海"的潜力，把广西独特的区位优势转化为开放发展优势，就必须为企业，特别是占广西涉外企业总量90%以上的中小外贸企业赶上广西经济发展浪潮，提供针对性强的立体式、综合化创新金融服务。

3. 北部湾港集聚效应加速显现

北部湾港是中国西南地区最便捷的出海口，依托西部陆海新通道、"一带一路"倡议，北部湾港吸引力和竞争力不断增强，物流、资金流、信息流加速集聚，在加快数字化转型，创新拓展港航金融、数据服务等业务领域有迫切需求。

4. 跨境金融平台全国场景和广西地方需求之间缺少关键的衔接点

广西涉外经济的特点是进出口各占一半，大宗商品进口需求很大。广西进出口的陆海节点比较明显，利用好北部湾港主要货物吞吐点，推动"综合金融+智慧物流"对接联动，对于贯通跨境金融平台全国场景和广西地方需求将大有裨益。

（二）主要做法

1. 走深调研，准确研判广西形势和企业需求

人民银行广西分行深入企业、园区开展调研，组织全区各级外汇及银行系统开展 1600 余家次的涉外经营主体专项对接服务。在调研中发现，当前涉外企业征信、银行授信、供应链物流企业数据三者之间存在错配现象。一是就涉外企业特别是中小外贸企业和轻资产企业而言，其可供抵押的固定资产较少，难以获得银行信贷支持。面对资金缺口，企业只能支付高昂代理费用从第三方代理商处获取高成本资金。二是就银行而言，其有发放贷款支持涉外企业发展的强烈需求，但难以从多方面获得可信赖的数据源，无法穿透贸易背景开展真实性核查。三是供应链物流企业掌握的大量流动货权及提单、仓单等数据处于沉睡状态，无法产生经济价值和发挥社会效益。涉外企业、银行、供应链物流企业之间信息的不对称，制约着三方的业务协作和广西涉外经济的发展。

2. 多方协作，同向发力协同攻坚

面对调研中发现的阻碍涉外经济发展的堵点难点问题，人民银行广西分行创新提出将北部湾港物流数据引入跨境金融平台，建设"港航融"平台的构想，并牵头组建由政府部门、核心参与银行以及北部湾港集团组成的项目建设专班。在短短一年内先后组织现场需求研讨会 6 场、走访调研 7 次，及时归集出网络安全、监管仓储配套、物流数据标准化和银行展业流程等 11 个大类关注重点，攻克解决了银行贸易背景真实性审核等多个系统难题，全面形成政银企合作共赢的最大公约数，最终完成了可研立项、资金筹措、招标确认、系统开发、联调终验、项目上线等建设全流程。

3. 积极争取，全国首创进出口双向物流融资模式

在"港航融"平台建设过程中，人民银行广西分行积极向国家外汇管理局争取政策支持和业务指导，经国家外汇管理局批准于 2023 年

8月1日开展全国首个进出口双向物流融资试点。在2023年9月18日举办的第15届中国—东盟金融合作与发展领袖论坛上，"港航融"平台正式启动上线。

4. 创新服务，拓宽涉外企业融资渠道

人民银行广西分行指导银行创新贸易融资服务和产品，提升进出口双向海运物流单证的金融属性，拓宽融资渠道，为涉外企业带来实实在在的"真金白银"，有效助力面向东盟的金融开放门户、中国（广西）自由贸易试验区建设。

5. 主动对接，切实服务中小外贸企业降本减费

以往很多中小外贸企业由于缺乏可供抵押的固定资产，银行表内提供的信贷支持很少，企业只能从第三方代理商处获取高成本资金，这部分企业游离在银行的视野之外，不被银行重视。人民银行广西分行敏锐地发现了企业需求，组织各市分支机构、银行认真梳理有外贸进出口业务但银行融资较少的企业，搭建"汇小二"外汇金融服务机制，采取一对一、面对面上门服务，利用"港航融"平台融资场景切实解决中小外贸企业和轻资产企业融资难、融资贵问题，取得良好效果。

6. 融合发展，推动完善配套设施建设和服务

在"港航融"平台推广应用过程中，人民银行广西分行积极推动银行整理上报涉外企业白名单、完成授信新产品设计及内控流程再造、落实企业授信额度、申报监管方资质审核材料等。同时，协调北部湾港集团进行监管仓储设施和场地改造，更好支持"港航融"平台发展。

7. 全面推进，保障平台应用走深走实

针对很多广西内陆企业在北部湾港区存有大宗商品货物，但港区银行难以为异地企业提供信贷服务，企业所在地银行又未掌握企业物流信息这一错配问题，人民银行广西分行指导各市分支机构和银行运用"港航融"平台数据共享功能，为企业提供异地供应链信贷服务，充分发挥北部湾港进出口货物重要节点的优势，以点带线拓面，全力推进"港航融"平台在全区应用，为企业提供优质的涉外金融服务。

（三）取得的成效

"港航融"平台上线后，海运提单、运费以及仓单三大融资场景在1个月内全部落地。截至2024年8月23日，"港航融"平台已助力涉外企业获得贷款折合人民币超3亿元，其中跨境金融平台融资类业务"首办户"数量占比达82%，中小微企业数量占比达75%。

1. 推动涉外企业融资增信

"港航融"平台盘活了北部湾港沉睡的物流数据，解决了银行与企业之间信息不对称问题，为企业绘制动态经营"画像"，有效促进企业融资增信，为涉外企业提供高效、便捷的跨境贸易融资服务。

2. 降低中小微企业融资成本

依托"港航融"平台，中小微涉外企业得以利用流动货权获得融资，企业贷款抵押物范围进一步扩大，企业融资成本显著降低。例如，广西某从事钛矿加工的企业，原先由于缺乏抵押物难以获得银行融资，只能依靠第三方代理商进口垫资，年综合融资成本在12%左右。"港航融"平台上线后，企业办理仓单融资业务400万元，年综合融资成本降至6%，获得银行新增授信超2亿元，预计每年可节省成本750万元。

3. 提升银行金融服务效能

"港航融"平台实现线上快速核验，降低企业脚底成本和资金成本，为银行贸易背景穿透式核查提供大数据支持，解决融资业务中交易背景不真实、解除质押过程不透明、货物监控不到位的问题，增强银行融资放款意愿。

4. 助力沿海沿边经济高质量发展

"港航融"平台以创新优质的跨境金融服务，充分发掘物流数据资产的金融属性，有力支持北部湾港集团在传统业务上的多元化拓展，助力将北部湾港打造成为国际门户港和向海图强的排头兵，促进广西沿海沿边经济高质量发展。

5. 助推西部陆海新通道建设

"港航融"平台丰富跨境金融服务供给，充分利用平陆运河连通北部湾港这一中国西南地区最便捷的出海口，切实推动西部货物走广西，促进物流、资金流、信息流在北部湾港加速集聚，有力支持西部陆海新通道建设。

6. 推动面向东盟的跨境金融创新发展

创新建设"港航融"平台，能够有效激发广西涉外经营主体活力，为面向东盟的跨境金融创新提供先行案例，充分发挥积极示范效应。

二　创新点

"港航融"平台体现了国家外汇管理局首个批准的进出口双向物流融资模式，是西部陆海新通道建设中北接西安、西连成渝、南通东盟、拓展全球的重要金融基础设施，平台的建设属于为打造面向东盟的金融开放门户升级版而实施的创新工程，其以海运物流为核心进行跨境金融产品规划，科技赋能、数字赋能"综合金融+智慧物流"对接联动，形成了西部陆海新通道建设的金融闭环。

（一）运用数据共享模式构建区域供应链集群

"港航融"平台以北部湾港为聚焦点，创新性地将北部湾港物流数据引入跨境金融平台，搭建银行数据在跨境金融平台汇集、企业数据在广西归集，两者相互打通的专项服务于广西外向型经济发展的区域供应链集群，以数字化方案赋能跨境金融、物流金融发展，为广西涉外企业提供更具行业领先性、地域辨识度的数字化融资服务。

（二）运用区块链技术推动金融创新和科技创新

通过运用区块链技术，"港航融"平台将金融创新与科技创新相叠加，加速实现资金、信息等要素的自由流动，提升金融服务质效，助力区域经济高质量发展。

（三）运用大数据技术提升金融服务效能

"港航融"平台打通跨境金融平台融资业务数据与北部湾港物流数据之间的壁垒，为银行贸易背景穿透式核查提供大数据支持，有效服务货代、物流、进出口企业融资增信，提升金融服务效能与银行风险防范水平。

三 应用价值

"港航融"平台以"场景聚合平台，平台搭建生态"，探索科技金融和数字金融应用，助力跨境金融创新发展和面向东盟的金融开放门户建设。

（一）助力跨境金融创新发展

"港航融"平台为经营主体提供以海运物流数据为核心的查询、锁定、融资服务，提升进出口双向海运物流单证的金融属性。银行可针对不同的贸易和物流单证特点，创新以提单、运费、仓单为基础的特色贸易融资产品，地方法人银行对非标准仓单业务的金融支持作用凸显，进一步丰富跨境金融服务供给。

（二）提升跨境金融服务效能

"港航融"平台推动跨境金融产品和服务标准化、线上化，使银行能够快速获取海运物流信息、货物信息、仓储监控信息，为银行贸易背景穿透式核查提供大数据支持，丰富银行贸易真实性审核工作箱，消除银行间融资信息不对称，防范重复融资、虚假融资风险，提升银行融资业务办理意愿。

（三）提升涉外企业融资可得性和便利性

"港航融"平台提供北部湾港物流历史交易、航运和主要来往国家等信息，解决银行与企业之间信息不对称问题，帮助企业增强贸易融资可得性，扩大有效贷款抵押物范围。借助线上快速核验，"港航融"平台提升企业融资效率，降低企业脚底成本和资金成本，为支持实体经济发展，特别是解决中小外贸企业融资难、融资贵问题提供新方案。

（四）发挥金融航运融合发展示范效应

"港航融"平台实现北部湾港物流信息与跨境金融平台的对接，业务流程和风险管控得到国家外汇管理局、银行、企业等多方认可，为金融与港口航运融合发展提供先行示范案例，也为探索跨部门、跨行业数据共享共用积累了宝贵经验，具有全区可操作性和全国可复制性。

本文组织编写团队：中国人民银行广西壮族自治区分行
广西壮族自治区产业园区改革发展办公室
广西北部湾国际港务集团有限公司
执笔人：易扬、彭勇、韦雪江

创新沿边金融供给模式
赋能边境贸易高质量发展

　　桂林银行股份有限公司（以下简称"桂林银行"）深入践行新时代兴边富民行动，全面落实《广西壮族自治区建设面向东盟的金融开放门户总体方案》（银发〔2018〕345号）、《金融支持广西边境贸易高质量发展工作措施》（桂金发〔2023〕4号）等文件精神，立足广西沿边区位优势，深度融入面向东盟的金融开放门户与国内国际双循环市场经营便利地建设浪潮，充分发挥地方法人金融机构体制机制灵活、金融创新活力强等特点，不断推动普惠金融、跨境金融、科技金融、绿色金融、数字金融"五个金融"服务边境贸易创新发展，丰富沿边金融供给，全力支持广西边境贸易高质量发展，逐步形成了独具特色的"金融+"良性边贸生态平台，对于促进边境地区产业升级、边民致富、稳边固边具有积极意义与示范效应。

一　案例简介

（一）背景情况

　　党的二十大期间，习近平总书记在参加广西代表团讨论时，勉励广西"在推动边疆民族地区高质量发展上展现更大作为"；[①] 2023年在广

---

① 《习近平参加党的二十大广西代表团讨论》，中国政府网，2022年10月17日，https：//www.gov.cn/xinwen/2022-10/17/content_5718983.htm。

西考察时强调"解放思想、创新求变，向海图强、开放发展"。① 广西与越南地缘相近、产业互补，是中国开展对越经贸最有利的省份，边境地区通关贸易由来已久，文旅商贸及人员往来互动活跃。截至 2023 年末，全区共有 3 个边境地级市的 8 个边境县（市、区）与越南 4 个省份接壤，拥有陆路口岸 9 个，发展边贸业务具有得天独厚的资源条件。

为鼓励和支持边境贸易发展，国家和地方陆续出台了系列政策措施。国家层面，1999 年，国家民族事务委员会联合国家发展改革委等部门倡议发起兴边富民行动，旨在加大对边境地区的投入和对边民的帮扶力度，达到富民、兴边、强国、睦邻的目的。2003 年，国家外汇管理局发布《边境贸易外汇管理办法》，进一步规范边境贸易中的资金结算行为和账户管理。自治区层面，2014 年，自治区人民政府出台《关于建设沿边金融综合改革试验区的实施意见》（桂政发〔2014〕3 号），强调促进与周边国家建立更紧密经贸金融合作关系，把广西打造成我国西南中南地区开放发展新的战略支点。2021 年，自治区人民政府部署开展"百企入边"行动，强调积极吸引区内外企业落户边境地区，将边境地区打造成为双循环的重要节点。

桂林银行积极贯彻落实国家、地方各项决策部署，将金融服务阵地开设在沿边金融改革最前沿、门户建设第一线，以把握地区支柱产业差异化特点为抓手，搭建起多元化的沿边业务产品体系，推动边境贸易质量变革、效率变革、动力变革，着力构建边民收入稳健提升、企业融资成本逐步降低、市场风险安全可控的沿边金融生态圈。

---

① 《习近平在广西考察时强调：解放思想创新求变向海图强开放发展　奋力谱写中国式现代化广西篇章》，中国政府网，2023 年 12 月 15 日，https：//www.gov.cn/yaowen/liebiao/202312/content_ 6920518. htm。

（二）主要做法

1. 普惠金融破解边民互市融资难题

基于边贸供销合作关系，聚焦专项信贷产品创新，着力提升边民边企获贷率、首贷率、信用贷率。一是围绕个人经营需求创新产品。面向边民个人从事边境贸易经营活动需求，创新推出"桂边贷""互市贷"等融资产品，不以传统抵质押物为信贷条件。"桂边贷"可为边民提供最高5万元纯信用贷款；"互市贷"可为边民互助组在互市贸易时提供最高10万元贷款额度。二是围绕企业经营需求创新产品。面向沿边企业推出低成本的短期融资便利产品"惠边贷"，最高可为沿边企业提供2000万元贷款（见图1）。

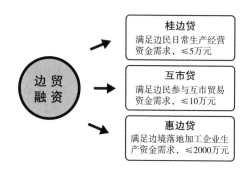

图1 桂林银行边贸普惠融资产品体系

资料来源：笔者整理得出。

2. 跨境金融助力边境经贸投资便利化

推动边贸市场主体关税缴纳、跨境投融资等业务流程优化，提升服务效能。一是推出关税一体化支付工具。针对边境贸易短周期、高频率、小金额的关税融资需求，将法人账户透支功能嵌入海关税费电子支付业务流程，税费支付金额超过约定账户存款余额时，差额部分银行自动提供融资，实现税费网上支付、短期资金融通、征税担保汇总等关税项下金融服务一体化，助力企业高效通关，税费支付时间提速至分钟级，货物整体通关时间节省一半。二是推出资本项目数字化服务。利用在线审核电子单证的形式，简化资本金结算等办理流程，引导赴边境地区投资的外资企业使用人民币进行投资，提升市场经营便利度。

3. 科技金融促进边境产业转型升级

针对市场信誉好且发展潜力大的边境科技企业，推动差异化信贷管理框架构建与金融产品设计，有效盘活各类资产。一是促进科技成果加快转化应用。推出"商标专利权质押+桂信融+桂惠贷"融资模式，有效提升贷款抵质押率上限，帮助知识产权密集型企业以无形资产盘活有形资产。二是促进融资结构优化。发放"中国（广西）自贸试验区"资产支持专项计划资金 1.35 亿元，吸引商业银行、券商等各类金融主体参与投资广西边境科技产业，利用自贸试验区的"虹吸效应"拓宽直接融资渠道，帮助产业转型升级、技改扩规。

4. 绿色金融夯实边贸低碳发展基础

落实"双碳"行动，积极探索与边境产业、贸易、企业绿色发展相适配的内部管理及产品服务体系。一是增加绿色金融领域资金供给。设立沿边绿色专营机构及服务专柜，建立绿色企业名录库，综合运用绿色贷款、绿色金融债券丰富入库企业长期限、低成本资金来源，重点投向环保设备制造等边境绿色低碳产业。二是加强绿色低碳理念在跨境业务领域的运用。成功落地全国首次"零碳"（零碳排放量）跨境调钞金融服务，探索从可持续发展的角度优化传统跨境调钞业务的运营管理与节能机制，通过四川联合环境交易所认证，主要采用"四川省大渡河沙湾水电站项目"碳排放权配额作为指标，集中抵消押运车产生的碳排放总量 34 千克，并在"点点"碳中和服务平台进行披露，实现了全面碳中和。

5. 数字金融推动边贸市场高效运转

结合信息化、数字化手段优化经营策略，提升互市贸易业务流程溯源水平。一是推动身份标签标识规范化。加强对"真边民、真交易"的识别，实行白名单准入制，通过信息化手段对从事互市贸易的边民主体加注标识，为金融资源的定向配置建立基础数据库，数据统计与客户画像精准度大幅提升。二是推动跨境结算模式迭代升级。以数字人民币对公钱包为收付款载体，推动海运互市贸易各主体使用数字人民币结算，相较于传统跨行转账方式，业务办理时长缩短70%，实现全交易链资金流可溯源，以数字技术赋能跨境结算模式迭代升级。

（三）取得的成效

1. 促进边境地区提升跨境金融服务能级

截至2024年6月末，已与越南农业与农村发展银行等4家金融机构建立代理合作关系，建设中越边境东兴—芒街、靖西—茶岭、凭祥—谅山三大口岸的跨境清算网络；已在边境地区设立3家市级分行、46家县域支行及社区/小微支行和275家农村普惠金融综合服务点，在边境地区累计办理6.51万笔社保业务，金额达1977.19万元，服务边境居民超30万人，促进边境贸易实现"留利于边、留利于民"。

2. 促进边境加工产业链与资金链深度融合

自下沉边贸市场以来，全行累计办理边贸跨境人民币结算超700亿元，边境地区贷款余额近400亿元，投向边境产业园区66家企业的贷款余额81.92亿元，畅通"东盟资源+边境口岸加工制造+国内市场"产业链条，推进边境贸易由"通道经济"向"落地加工"模式转型升级。以广西凭祥产业园为例，针对园区基础设施建设融资需求，向"东盟中草药系列加工配套设施建设项目"提供授信1.89亿元；密切关注园区招商引资动态，聚焦提升园区产业转移承接能力，向18家产业转移企业累计发放贷款7.76亿元。

3. 促进边境产业价值链向中高端攀升

截至 2024 年 6 月末，投向边境地区科技型企业贷款余额 76.06 亿元；边境地区绿色贷款余额 73.71 亿元、绿色金融债券余额 3.05 亿元，以金融供给的多元化改善边境地区产能结构，不断壮大边境优势产业，助推电子信息、东盟特色产品加工、家居制造等重点产业实现规模增长。

4. 促进中越两国贸易畅通、资金融通

截至 2024 年 6 月末，通过关税一体化金融服务为边境地区企业办理关税缴纳业务共 432 笔，金额 2.84 亿元，提升中越跨境金融服务质效；重启人民币/越南盾现钞跨境调运业务，累计完成人民币调运 2.24 亿元、越南盾调运 1174.09 亿盾，占广西调运总量近 90%，为中越经贸合作与文旅交流提供有力保障。

二　创新点

（一）创新广西"五个金融"的交叉融合与运用

牢牢把握建设面向东盟的金融开放门户与国家重点开发开放试验区双重战略契机，将沿边金融服务内涵由以往单一的跨境金融，延展至普惠金融、跨境金融、科技金融、绿色金融、数字金融"五个金融"，深入嵌套沿边地区跨境产业合作链条，深化沿边金融供给侧结构性改革，升级打造定向支持边境地区发展、内生发展动力充足、具有双循环特征的"互助组+边民互市+企业+金融"沿边金融生态圈，提高金融服务边贸市场实体经济能力。

（二）创新边境贸易特色结算与信贷服务

突出"不唯财报、不唯押品，看现金流、看商业模式"的授信理念，聚焦边民互市真实贸易场景特点，不强调传统抵质押物，创新推出"桂边贷""互市贷""惠边贷"等系列专项融资产品，有效打通边民及边民互助组融资难、融资贵堵点；将服务前置到通关、外商投资项目启动等环节，将税费电子支付、资本项目数字化服务、知识产权质押融资、贸融资产证券化等先进金融工具或模式引入边境贸易市场，以供应链思维串联上游供应互市商品的边民互助组和下游落地加工企业等各市场主体，覆盖全生命周期。

（三）创新"零碳"跨境调钞运营模式

"零碳"跨境调钞金融服务属全国首创，是将绿色发展理念与跨境金融业务相结合的一次创新尝试，采用"零碳"的运营模式，用实际行动实现净零排放目标与践行减排计划，实现与低碳、可持续发展的全球发展目标接轨。该笔业务还是边境口岸开放后开展的首笔点对点现钞跨境双向调运业务，属于广西 2023 年"开门红"重点推进项目，切实解决了边境地区现钞流通难题，有效满足了中越两国市场越南盾、人民币兑换需求，推动两国经贸文旅往来加速恢复和健康发展，也为东盟币种运营管理与货币流通机制建设提供了新的参考路径。

（四）创新海运互市贸易场景下数字人民币结算业务

围绕防城港市打造面向东盟"点面结合、自由贸易和边境贸易联动"的数字人民币应用先行示范区，重点推进数字人民币的地方特色场景建设，畅通海运互市贸易各主体间数字人民币支付渠道，赋予海运互市贸易秒到账、更安全、低成本、可追溯等新优势，助力边境地区加快搭建数字化金融基础设施，大幅提升跨境支付结算的效率和便利化水平。

三　应用价值

桂林银行金融支持兴边富民、助力打造沿边金融生态圈的有关经验做法，获得了政府、媒体、公众等各界的广泛关注，为其他边境地区研究制定边贸政策提供了有益借鉴，在全国范围内具有较高的复制推广价值，对维护祖国南疆繁荣稳定具有积极意义。

（一）能够在全国边境地区复制推广

我国边境贸易往来频繁。桂林银行立足广西边境口岸地理位置、边境贸易特征和边境产业禀赋等实际情况，将广西"五个金融"作为服务和融入边境地区高质量发展大局的实施路径，推出适用于边民边企的金融产品，有效满足不同主体、不同业务场景需求，对其他边境地区金融机构完善沿边金融服务体系具有借鉴意义，在全国范围内可复制推广。

（二）促进中国—东盟产业合作发展

当前，自治区正加快建设中国—东盟产业合作区，将广西打造成为国内国际产业转移新高地。东兴、凭祥、百色等重点开发开放试验区对外开放政策优势明显，拥有诸多沿边产业园区，边境特色产业发展迎来前所未有的机遇。边境地区作为国家对外开放的前沿，适合作为金融服务中国—东盟产业合作的重要切入口，边境地区各类开放平台为金融创新业务提供了良好的"孵化地"和"试验田"，有利于促进资源要素跨境配置、助力贸易产业转型升级，为新时代兴边富民行动打造全新金融范本。

（三）深化中越金融领域互联互通

沿边金融的创新发展离不开中越两国金融的密切交流合作。中越两国金融机构在继续保持资金清算、外汇交易、跨境调钞等基础业务良好合作的基础上，在金融监管部门的组织推动下，进一步密切信息资源共享、金融产品研发、人员交流培训、金融风险防控等领域的交流探讨，构建区域性金融沟通联络机制，有利于营造良好的金融生态环境，共同探索拓展金融市场合作的深度和广度，增强广西本土银行跨境金融服务能力，为中越经贸、投资、产业等重点领域合作提供有力金融保障。

本文组织编写团队：桂林银行股份有限公司

执笔人：杨波、秦茜、韦京诗

智能风控助力普惠金融数字化转型

一 案例简介

（一）背景情况

中国人民银行印发《金融科技发展规划（2022—2025 年）》、国务院印发《关于推进普惠金融高质量发展的实施意见》，旨在通过创新驱动发展，深化金融供给侧结构性改革，加快金融数字化转型，强化金融科技审慎监管，坚持以人民为中心的发展思想，推动我国金融科技从"立柱架梁"全面迈入"积厚成势"新阶段，推进普惠金融高质量发展，构建具有较强适应性、竞争力、普惠性的现代金融体系，更好地满足广大人民群众和企业多样化的金融需求。

广西农村商业联合银行股份有限公司（以下简称"广西农商联合银行"）牢牢把握以人民为中心的发展思想，坚持以普惠金融助力数字乡村振兴为战略定位，为加大对"三农"、个体工商户、小微企业等普惠金融主体的支持力度，强化科技赋能普惠金融，运用互联网、大数据、人工智能等技术，优化普惠金融服务模式，改进授信审批和风险管理模型，建立健全敢贷、愿贷、能贷、会贷的长效机制。广西农商联合银行通过构建数智化"智能风控系统"，将全行级智能风控技术扩展应用到桂盛富民金融服务平台（以下简称"桂盛富民平台"）、信用卡系统、信贷管理系统等三个授信渠道，开启系统内个人信贷业务智能管控多头授信、过度授信的数字化管理时代；建立企业级风险管理平台，提升风险监测预警智能化水平，构建数字化普惠金融产品和渠道矩阵，推动普惠金融服务全流程线上化、智能化，提升服务效率，更好地满足人民群众的金融需求。

（二）主要做法

1. 技术应用

依托人工智能、大数据、云计算、5G 等新一代智能化技术，目前已应用决策流、决策树、决策参数、规则模型、策略管理、数据路由、数据变量、机器学习、批量决策、知识图谱、录像机、沙箱环境、冠军挑战、智能贷后等。算法以逻辑回归为主，并通过 KS、GINI、PSI 等指标对模型的准确性、稳定性进行监控和评价。

2. 风控模型

已形成全行级个人贷款类业务产品统一授信管控，以及线上贷款产品贷前拦截、贷中评级、贷后预警模型共 130 多个自动风控模型，涉及7629 个策略组合规则。

（1）全行级智能风控模型

应用于桂盛富民平台、信用卡系统、信贷管理系统、互联网贷款系统行内个人贷款类产品授信前置，实现行内风险客户（黑名单）统一拦截，同时利用"征信+政务+第三方"交叉数据，对客户违法违规行为、守约行为进行综合判断，对行内各渠道产品额度进行统一管控及家庭还款能力进行匹配度校验、风险预警及模型后评价，实现贷款用途违规、涉嫌借名贷款、可疑中介、非法集资、异常交易等自动预警；自动计算评价桂盛富民平台、信用卡系统、信贷管理系统、互联网贷款系统办理业务产品的利息收入、资金成本、运营成本、税负成本、净收益、欠息率、逾期率、不良率等情况；自动对客户经理、审查人、审批人经办贷款质量进行预警监测和"行为画像"，生成全区排名并定期通报。

（2）互联网贷款系统风控模型（第二代）

实现客户准入、额度测算、合同签订、贷款支用、自助还款以及贷后智能预警、智能催收的全流程自动化。并在第一代基础上，增加应用了智能产品推送、客户画像、多维度测额、机器学习、批量决策、知识图谱、录像机、沙箱环境、冠军挑战、智能贷后等业内新技术。

（3）桂盛富民平台风控模型

桂盛富民平台基本参照互联网贷款系统产品的第一代风控模型，客户的授信额度可根据系统测算额度上限进行下调，贷款利率以基层农合机构线下最终调查、审查、审批意见为准。

3. 统一授信管控

实行"双额度上限控制"，即单一客户家庭所有渠道、所有产品授信额度之和，既不能超过智能风控系统测算的"总授信限额"，也不能超过信贷管理系统的"天花板额度"控制。个人贷款类业务产品统一授信限额遵循统一测算、分类控制、动态管理的原则。杜绝同一客户多渠道授信或同一客户通过多家机构"化整为零"发放贷款的问题，从源头防范信贷风险。

一是统一测算：指对所有个人客户按照统一的标准测算授信限额。

二是分类控制：指根据授信用途、担保方式、业务产品等情况对客户进行授信限额管理。

三是动态管理：指对客户授信限额和授信限额的占用情况进行管理。

4. 系统实现方式

一是智能风控系统。通过客户综合还款能力、整体负债、担保方式、贷款期限等指标测算家庭总授信额度（全行级），供各业务系统授信、放款时实时调用。

二是桂盛富民平台。在现有基础上调用行内统一智能风控系统，即通过家庭总授信额度控制后，才能进入后续流程。

三是信用卡系统。在现有基础上调用行内统一智能风控系统，即通过家庭总授信额度控制后，才能进入后续流程。

四是信贷管理系统。首先是针对通过传统线下方式办理的个人贷款，在现有基础上调用行内统一智能风控系统，即通过家庭总授信额度控制后，才能进入后续流程。其次是系统设置全行级"天花板额度"控制，供各业务系统授信、放款时实时调用。

五是互联网贷款系统。在现有基础上调用行内统一智能风控系统，即通过家庭总授信额度控制后，才能进入后续流程。

（三）取得的成效

1. 实现从制度、产品源头控制信贷风险

智能风控以机器为主、人工为辅，强化信贷业务"第一道"风险防控措施落实，从源头确保"产品不带病出厂"，将大部分业务风险拦截在前端。在制度执行层面，通过对产品、业务规则等进行风控校验，确保制度执行力；在产品风控层面，通过加强客户身份识别、防范欺诈行为、风险客户拦截、合理适度授信、智慧贷后跟踪预警等措施来降低业务风险。

（1）各渠道智能风控成效

自 2023 年 4 月系统上线至 2023 年 12 月末，智能风控共受理行内各渠道提交的个人信贷业务 146.29 万笔、89.40 万人授信申请，新发放贷款不良率 0.07%；2024 年 1~7 月，智能风控共受理行内各渠道提交的个人信贷业务 194.40 万笔、120.13 万人授信申请，新发放贷款不良率 0.09%，符合监管要求。

（2）互联网线上贷款不良率控制在较低水平

截至 2023 年末，互联网线上贷款余额 326.58 亿元，累计授信 71.96 万笔，累计授信金额 755.90 亿元；累放户数 50.67 万户，累放笔数 84.66 万笔，累放金额 510.33 亿元；存量贷款户数 34.04 万户，笔数 42.33 万笔，不良贷款率 0.34%。

2. 建立全行级统一客户黑名单库

所有信贷业务渠道对应的风险客户拦截要素及指标，统一由智能风控系统确定，统一调取已在客户关系管理系统建立的涉及信贷、道琼斯、电信诈骗、买卖账户和冒名开户、暂停境外交易、反洗钱、断卡、司法冻结、司法扣划、核销、置换、集群关联等信息，包括实时黑名单及历史黑名单（目前历史黑名单数据保存 10 年），涉及近 300 万名客户。

3. 实现全量客户信息整合及价值分析

智能风控通过大量数据参与建模分析。一方面，充分利用行内客户信息；另一方面，通过与政府部门、司法机构、征信公司等外部机构合作，拓宽信息来源，拉长信息跨度，最大限度发挥数据的应用价值。

4. 实现自动精准测算客户还款能力

通过大数据模型综合测算借款客户（家庭）实际还款能力，即通过年代发、收单流水、应税收入总额、烟草销售额、绑定第三方支付、家庭年收入（信贷管理系统、桂盛富民平台录入）等数据综合判断。同时，由智能风控系统对客户公积金、流水发生额、日均存款、收单流水、应税收入总额等做"反欺诈"处理。

5. 队伍得以锻炼，人才得到培养

广西农合机构智能风控系统建设采取"农商联合银行+市县农合机构"的模式，核心风控环节包括产品设计、风控建模，以及数据应用、分析、挖掘等均由广西农合机构开发团队独立自主完成，对科技公司或外部第三方风控团队没有依赖，得到监管部门认可。几年来，全区先后有 80 多家市级机构派出 120 名业务骨干参与智能风控项目建设。目前，全区农合机构具备智能风控 D 级（初步了解掌握）建模人才 41 人；具备智能风控 C 级（独立完成模型配置，具备监测、优化能力）建模人才 28 人；具备智能风控 B 级（C 级基础上，具备模型策略、智能产品推送、客户画像、机器学习、批量决策、知识图谱、录像机、沙箱环境、冠军挑战等能力）建模人才 17 人（其中 9 人在广西农商联合银行产品研发部，其余 8 人分别在金秀、隆安、上林、平南、钟山、藤县、龙州、象州）；具备智能风控 A 级（B 级基础上，擅长人工智能算法）建模人才正在挖掘培养当中。

二　创新点

（一）智能技术与风险管理的结合体

传统风险管理的模式主要依靠人工审批，借助征信报告和抵押物等信息手工评估客户的风险情况。智能风控是智能技术与风险管理的结合体，依托人工智能、大数据、云计算、5G 等新一代智能化技术，通过建立模型以及自动化预测、评级、决策等方式，实现对目标客户风险水平与银行风险偏好的精准分析，从而保障业务效率和安全性。

（二）模型策略配置灵活

2020 年 1 月，广西农合机构正式建成投产智能风控系统，依托大数据（含行内数据 5000 多项、征信数据 2000 多项、政务数据 800 多项、第三方数据）、人工智能、机器学习、自动预警等技术，为加强包括信贷客户身份识别、风险客户拦截、合理适度授信、贷后自动预警、人工复核验证等在内的业务环节管控提供风控模型支撑。模型策略配置非常灵活，可针对行业、产业、客群、客户、产品、限额、渠道、机构、网点、客户经理实施个性化或组合式风控。

（三）行业技术应用广泛

2020 年 6 月，正式在互联网贷款系统及相关线上贷款产品探索应用（含对公线上企税贷产品）。2023 年 4 月，"智能风控系统"扩展到全行级个人类贷款（含信用卡）业务应用。行业技术方面，目前已应用于决策流、决策树、决策参数、规则模型、策略管理、数据路由、数据变量、机器学习、批量决策、知识图谱、录像机、沙箱环境、冠军挑战、批量决策、智能贷后等；算法以逻辑回归为主，并通过 KS、GINI、PSI 等指标对模型的准确性、稳定性进行监控和评价。

三　应用价值

（一）数智化风控写好"数字金融""普惠金融"大文章

通过对大数据智能风控模型实现统一授信风控管理，将数字风控工具嵌入信用评估、授信审批、贷后管理等业务流程，推动风险管理关口前移，从源头提升系统风险防控能力，实现"业务到数据、数据到信息、信息到模型、模型到决策"的高效能良性循环。智能风控系统的搭建，不仅是广西农商联合银行建设数智化普惠金融风险防控体系的勇敢探索，也是积极贯彻落实党中央金融工作会议指导精神，写好"数字金融""普惠金融"大文章的责任担当；不仅为广西农合机构公司类客户智能风控体系的搭建积累了宝贵经验，也为地方中小银行机构普惠金融风控管理提供了数字化转型思路。

（二）线上智能管控践行绿色金融可持续发展

智能风控系统通过数字化风控管理，不仅强化了信贷业务风险管理、提升了授信审批工作效率，也大大减少了纸张消耗。以 2023 年业务数据为例，广西农合机构全年累计办理个人类贷款 86 万户，如按传统线下方式办理，每户节省 73 张纸计算，则全年共节省 6278 万张纸；按每张 A4 纸 4.4 克计算，则每年可节约 276 吨纸；按每减少使用 1 千克纸可减少排放二氧化碳 3.5 千克计算，则每年单在纸张方面，广西农合机构可减排二氧化碳 967 吨。由此可见，广西以实际行动践行绿色办公、低碳减排可持续发展战略。

本文组织编写团队：广西农村商业联合银行股份有限公司

执笔人：覃安革、阮开阳、韦捷、骆祖壮

积极构建数字人民币生态体系
助力"双循环"市场经营便利地建设

2020 年，习近平总书记在十九届中央财经委员会第七次会议上提出"构建以国内大循环为主体、国内国际双循环相互促进的新发展格局"。[①] 2022 年 12 月，防城港市获批成为 26 个开展数字人民币试点的地区之一，也是全国率先开展数字人民币试点的少数民族边境地区。依托沿海沿边的区位优势，中国人民银行防城港市分行抢抓数字人民币试点机遇，建立"一项机制"，谋划"两个平台"，打造"三大特色应用领域"，积极构建数字人民币生态体系，成功落地"四个全国首创"，助力"双循环"市场经营便利地建设。以数字人民币为切入点，写好金融"五篇大文章"。

一　案例简介

（一）背景情况

当前，世界正经历数字革命，数据已经成为继土地、劳动力、技术和资本之后的第五大生产要素，大数据、区块链等技术蓬勃发展，数字经济正以不可逆转之势改变人类社会。数字货币作为数字经济时代基础设施的重要性不言而喻，在国际竞争中，如何在数字革命浪潮中抢占数

---

① 《构建新发展格局　重塑新竞争优势》，中国政府网，2022 年 10 月 12 日，https：//www.gov.cn/xinwen/2022-10/12/content_ 5717732. htm。

字货币流通及管理的制高点成为摆在各国面前的重大课题。2014 年，我国启动法定数字货币相关研究工作。截至 2023 年末，已有 17 个省（区、市）的 26 个地区开展数字人民币试点。

2022 年 12 月，经国务院批准，防城港市成为数字人民币第四批试点城市，也是全国率先开展数字人民币试点的少数民族边境地区。中国人民银行防城港市分行会同相关单位以数字人民币试点为契机，聚焦非居民境内支付不便、边境贸易双方互信度低且资金安全性不足、边境地区数字经济发展程度不高等痛点难点，依托"开门见东盟、迈步就出国"的区位优势，围绕国家赋予的"以边境贸易跨境支付为主线，探索数字人民币创新应用"金融改革任务，积极构建数字人民币生态体系，助力"双循环"市场经营便利地建设。

（二）主要做法及取得的成效

1. 建立"一项机制"，保障试点工作顺利实施

中国人民银行防城港市分行推动成立市政府主要领导任组长的市级试点工作领导小组和工作专班，建立"保障层级最高、成员单位最全、工作联动最强"的工作机制，从政府部门、中国人民银行、商业银行三端发力做好试点场景组织部署、试点工作组织保障。率先在广西印发试点工作实施方案，结合"海、边、山"区位优势，按照"特色类+优势类+通用类"三大领域，打造"4+3+9"共 16 类试点应用场景，重点在边境贸易、边境旅游等领域发力，突出"商圈+场景+边贸+监管"试点特色，探索打造边境地区数字人民币生态体系。

2. 谋划"两个平台"，构建区域产业链供应链

（1）建设数字人民币综合服务平台

中国人民银行防城港市分行积极推进与专业研究机构合作，引进国内领先的人工智能行业应用企业，加快建设数字人民币综合服务平台，赋能地方数字产业集聚，促进产业数字化。

（2）探索搭建数字人民币供应链资金管理平台

广西某冶金公司是广西第一大民营企业、广西第二大钢铁生产企业，也是防城港市现代化临港工业企业骨干之一。该公司年产值700亿元，年结算金额超2000亿元，拥有70余家上下游企业，具有旺盛的结算需求。在传统贸易结算模式下，该公司及其上下游企业需向第三方平台、银行机构支付一定手续费，且大额跨行转账可能存在资金延迟到账问题，影响资金利用效率。基于该公司旺盛的供应链贸易结算需求，中国人民银行防城港市分行指导数字人民币运营机构为该公司及其上下游企业开立对公数字人民币钱包进行上下游贸易结算，积极探索数字人民币供应链资金管理模式，利用数字人民币智能合约"精准合规、高效直达、互信透明"的优势，为该公司及其上下游企业提供覆盖资金归集、智能分账、保理融资等的全方位金融服务，并逐步延伸至国家贸易结算，进一步降低企业融资成本、提升结算效率。

3. 打造"三大特色应用领域"，提升支付结算服务能力

（1）打造"数字人民币+边境贸易"发展模式

创新边境贸易结算方式，引导中越边贸企业、边民、边民互助组开立对公数字人民币钱包，搭建服务边境贸易进出口的数字人民币结算自循环流动体系。通过边民补助发放等方式引导中越边民参与数字人民币试点，扩大边境地区数字人民币商圈。海运互市贸易数字人民币支付结算流程（进口）见图1。

图1　海运互市贸易数字人民币支付结算流程（进口）

资料来源：笔者整理得出。

（2）打造"数字人民币+边境旅游"发展模式

在东兴国际旅游集散中心建设首个数字人民币外币兑换窗口，依托数字人民币钱包的科技优势，为境内外游客提供无须绑卡、免手续费、可离线支付等更加便利化的货币兑换服务。

（3）打造"数字人民币+便民服务"发展模式

防城港市将数字人民币融入边境地区"食、住、行、游、购、娱、医"等社会公众日常生产生活中，打造"数字人民币+"多场景应用，在公共服务、智慧校园、商圈零售及医疗等多个领域实现数字人民币支付。比如，试点企业搭建数字人民币支付生态的智慧食堂，实现食堂就餐系统与数字人民币钱包互联。同时，财政部门、金融机构、市属国企等"政金企"常态化开展线上线下宣传推介活动，已成功举办"点亮国门商圈　体验便捷支付　数字人民币来啦""体验数字人民币'新潮流'　打造数字化智慧'菜篮子'"等多主题多系列宣传推介活动，向边境地区居民、企业普及数字人民币，营造试点良好氛围。

4. 成功落地"四个全国首创"，打造改革试点新样板

试点以来，中国人民银行防城港市分行联合相关单位抢抓金融改革机遇，大力推进数字人民币试点并取得显著成效，初步构建起边境地区数字人民币生态体系。截至2024年6月末，防城港市累计开立数字人民币钱包21万个，较上年末增长45%，常住居民个人数字人民币钱包覆盖率达20%，规划的16类试点应用场景已落地14类；成功落地边境小额贸易支付结算、海运互市贸易支付结算、个人数字人民币外币兑换窗口、非居民数字人民币智能合约"红包发放+线上消费"等"四个全国首创"应用场景，基于防城港边民互市贸易场景的数字人民币信贷管理解决方案获2023年度第十届"金松奖"金融科技行业数字人民币场景建设奖，数字人民币在助力边境贸易、跨境旅游、港口贸易、产业链供应链金融等领域发展上取得积极进展，为我国探索完善非居民开立

及使用数字人民币钱包、多边央行数字人民币货币桥及数字人民币智能合约等数字人民币应用项目提供了重要参考。

二　创新点

（一）提升支付便捷性与效率

数字人民币具有"支付即结算"的特点，资金能够实时到账，提高了资金周转效率，对于数字贸易中的市场主体而言，能够更快地回笼资金，提高经营效率。在国际贸易中，数字人民币能够有效降低结算成本，相比现有跨境支付结算系统，数字人民币在透明度、速度、成本、可用性、降低风险方面更有优势。根据 BIS 国际清算银行模型预测，跨境收支成本有望降低 50% 以上。一方面，资金到账时效性、跨境资金安全性等通过技术手段得以增强，有效提高跨境贸易支付时的效率，让资金处理更加直接。另一方面，由于清算更侧重于对资金往来的核对和处理，将数字人民币作为清算工具，可以简化现行跨境交易的清算流程，缩短等待时间。国际结算三种方式对比情况见表 1。

表 1　国际结算三种方式对比情况

项目	效率	成本			安全
	到账	电报费	手续费	汇兑点差	资金流转
外币	2~3 天	—	1/1000	50~150bp	退回手续烦琐
人民币	1 天	免收	1/1000	无	退回手续一般
数字人民币	点对点	免收	免收	无	可追溯、智能合约

资料来源：笔者整理得出。

（二）促进国际贸易资金回流

数字人民币与传统贸易结合，可以实现供应链、贸易、金融资源等有效整合。数字人民币一定程度上代表央行信用，通过探索数字人民币作为国际信用证的补充，能多方位满足国际贸易新业态发展需求。在国际贸易中，双方企业习惯采取信用证方式结算，商业银行作为买卖双方担保人，以银行信用代替商业信用，满足各自风控体系要求。在双边央行建立数字货币贸易体系后，数字人民币可以取代银行在贸易中扮演的角色。依托数字人民币智能合约，买方将货款预先"存放并冻结"在钱包中，双方约定合约完成的条件，同样通过数字化手段验证，一旦达标，则自动履行合约，买方的"钱"划转至卖方钱包，达到国际信用证的效果。截至 2024 年 6 月末，搭建的数字人民币货币桥项目涉及中国香港、泰国、阿联酋等国家和地区，未来将通过货币桥的方式构建起更多国家和地区之间的贸易桥梁。随着规模拓展，推动外贸去美元化，提升人民币结算在国际市场的地位具有重要意义。以防城港为例，2023 年自营进口大宗商品的前五大企业合计办理跨境结算 70.5 亿美元，基本上与香港均有资金往来，以开立国际信用证费用 1.25‰~2.50‰测算，若全部采取数字人民币智能合约的形式，预计节约 881 万~1763 万美元，将吸引更多企业采取数字人民币智能合约方式结算。

（三）促进边境贸易转型发展

长期以来，防城港市边贸业务存在诸多痛点。如边境贸易结算率低、边民互市贸易业务无法很好辨认外贸进出口的真实性、边民互市贸易结算资金追溯难等，银行在办理跨境结算业务时，难以深度追溯边民的资金来源，陷入即便是真实报关也无法判断是否该予以结算的两难境地，严重制约边境贸易及其结算的持续健康发展。推进数字人民币试点，加快智能合约在边贸业务中的运用，实现货物流、信息流、资金流闭环管理，助力边境贸易规范化发展。

（四）促进数字产业发展

数字人民币的广泛应用将催生一系列创新业态，区块链、大数据等技术的深度融合，为数字贸易的发展注入新动能。同时，以数字人民币试点为契机，引导骨干企业数字人民币应用，打造数字人民币应用示范园区，强化数字人民币相关产品和服务供给，吸引上下游企业落地试点地区，做大数字人民币交易规模，优化产业链供应链消费链数字人民币支付环境，以数字金融赋能数字产业集聚与开放合作。

（五）提升中越双方人员往来便利化水平

依托数字人民币钱包的科技优势，设立全国首个数字人民币外币兑换窗口，通过数字人民币支付办理人民币与外币间的小额兑换业务，为境内外游客提供无须绑卡、免手续费、可离线支付等更加便利化的金融服务，助推边境及跨境旅游发展，促进中越双方人员往来便利化。

三　应用价值

（一）有利于边境贸易转型发展

边境贸易具有小、散、快等特点，与数字人民币面向小额、零售、高频的使用定位十分契合，利用数字人民币便捷性、安全性、可追溯性、智能合约等优点，可解决边民互市贸易中多年存在的痛点堵点问题。依托广西边民互市贸易"一平台三市场"建设实施落地，研究构建数字人民币形式的资金电子围栏，推进"边民扣款+跨境结算+加工企业扣款+税款缴纳"等传统边民互市贸易相关结算改造提升，建设数字人民币智能合约应用模块，打通银行资金账户数据、海关出入境数据、商品采销数据、边民身份基础数据等，应用智能合约将银行履行真实性审核环节嵌入数字人民币收付场景，确保资金来源合法与结算比例合规。

（二）有利于加快数字人民币在大宗商品贸易领域的应用

为促进贸易资金回流，推动数字经济发展，当前全国多地出台相关政策支持数字人民币在大宗商品贸易领域的应用。如上海印发了《虹桥国际中央商务区关于全力推进"丝路电商"合作先行区的三年行动方案（2023年—2025年）》，提出要率先与"丝路电商"伙伴国试点国际高标准电子商务规则，持续深化数字人民币数字贸易创新孵化基地建设；又如深圳出台了《关于促进跨境电子商务高质量发展的若干措施》，鼓励跨境电商发展的同时，对跨境支付、数字人民币等领域相关主体予以实际的资金奖励。未来积极出台在大宗商品贸易领域使用数字人民币结算的相关鼓励政策，鼓励区内相关企业特别是骨干企业探索数字人民币供应链资金管理，利用数字人民币智能合约优势，为市场交易主体提供覆盖财务管理、支付结算、保理融资等的一体化金融服务，实现货物流、信息流、资金流"三流合一"，推动交易主体之间的信息互联互通。

（三）有利于以数字人民币优势撬动更多对俄贸易结算落户广西

2023年第一季度吉林省以超前的稳外贸稳外资政策实现GDP增速位列全国第一，其中吉林市在对俄贸易结算拉动下GDP增速位列全省第一，主要做法是抓住在金融制裁背景下对俄贸易结算业务需求巨大的趋势，指导珲春农商行、吉林银行等辖内金融机构，优先为当地企业提供跨境结算等金融配套服务，引导外省企业在当地注册公司，将外贸、结算、税收留在当地。当前，大部分银行暂停或延缓涉俄业务，更加凸显数字人民币在跨境支付中的作用，广西南宁、防城港作为数字人民币试点城市，可积极依托数字人民币建立绕过传统金融制裁机制的通道，撬动更多对俄贸易结算落户广西。对标对表外省银行，推进相关金融机构开办涉俄跨境人民币结算和数字人民币结算，畅通广西企业与俄罗斯企业的跨境结算。此举预计将撬动 3000 家企业（按半年开户测算）在广西注册并实现年均 700 亿元外贸增量和 500 亿元资金收付规模。

（四）有利于促进地区数字产业发展

自试点获批以来，防城港市以优化产业链供应链消费链数字人民币支付环境为主要目标，以打造数字人民币应用示范园区为主要抓手，抓紧谋划数字人民币综合服务平台等项目建设，以数字金融赋能数字产业集聚与开放合作。随着试点工作的持续深化，各试点参与主体对公共服务平台、智能合约平台、数字芯片、硬钱包等数字人民币相关产品和服务供给的需求日益迫切，参与数字人民币上下游产业链的意愿显著增强。未来广西应支持试点地区抢抓改革试点政策红利，研究出台相关扶持数字金融产业发展的政策，充分发挥试点地区区位优势，准确把握"双循环"新发展格局内涵，用好国际国内"两个市场""两种资源"，深度推进改革开放，打造全方位开放新格局，引导更多市场主体参与数字人民币相关技术研究与创新，通过发展数字产业链带动地方数字金融产业转型升级。

（五）有利于促进中越双方人员往来便利化和高水平对外开放

基于数字人民币外币兑换窗口的创建经验，中国人民银行防城港市分行联合相关单位于 2024 年 5 月成功打造广西东兴境外来宾金融综合服务中心，这是数字人民币外币兑换窗口的"升级版"，为全国边境口岸首个境外来宾金融综合服务中心和国内首个主要面向东盟的数字人民币使用体验中心，该中心面向东兴口岸数百万名跨境人员提供外币兑换、数字人民币、"零钱包"、政策咨询等"一站式"金融服务，配备中越双语工作人员及支付地图电子导航屏，便利境外来宾直观查看外币兑换点、外卡受理商户等支付服务信息，这对提升广西边境地区支付服务水平、优化口岸营商环境、促进中越双方人员往来便利化和高水平对外开放、助力构建具有战略意义的中越命运共同体具有重要意义。

本文组织编写团队：中国人民银行防城港市分行

中国工商银行防城港分行

中国银行防城港分行

中国建设银行防城港分行

执笔人：邹智、廖春、梅雪春

创新道路交通事故社会救助基金管理机制
为群众生命财产安全撑起"保护伞"

道路交通事故社会救助基金（以下简称"救助基金"）是指依法筹集的用于垫付机动车道路交通事故中受害人人身伤亡的丧葬费用、部分或者全部抢救费用的社会专项基金。救助基金的资金主要来源是按照一定比例从交强险保险费用中提取。自治区财政厅通过创新救助基金管理机制，以救助基金机构管理为突破口，充分发挥救助基金救助作用，及时对受害人进行救助，切实保障人民群众的生命财产安全。

一 案例简介

（一）背景情况

一是落实中央政策文件要求。党和国家高度重视群众生命财产安全，始终坚持以人为本。为了保障我国公民的道路交通安全、维护群众的生命财产安全，我国推出了道路交通事故社会救助基金制度。2003年出台的《中华人民共和国道路交通安全法》以立法的形式提出设立救助基金。救助基金制度是国家多层次道路交通事故社会救助机制的重要组成部分。为深入贯彻落实救助基金制度，2021年财政部联合相关部委出台了《道路交通事故社会救助基金管理办法》（以下简称《管理办法》），《管理办法》将救助基金制度落到实处，理顺了救助基金管理体制，对使用范围等做出了明确规定，并要求省级财政部门履行主管部门职责，会同有关部门制定本地区实施细则。

二是满足人民群众对生命财产安全的现实需求。近年来，随着我国经济的不断发展，汽车行业迅猛崛起，为人们的出行带来便利，影响着人们工作与生活的方方面面。但随着汽车使用率的提高，道路交通事故的发生量也有逐年上升的趋势。由道路交通事故导致的人身伤亡案件逐渐增多，严重影响公民生命健康。因伤亡事故而产生的社会矛盾和经济纠纷严重影响社会的和谐稳定。为了保障我国公民的道路交通安全，满足人民群众对生命财产安全的现实需要，国家推出了救助基金制度。2023 年广西全区机动车保有量 1747 万辆，接报致人伤亡道路交通事故 15643 起，造成 17176 人受伤。救助基金通过抢救费用及丧葬费用的垫付、追偿等，在救助人民生命财产、缓解社会矛盾等方面起到了重大作用。

（二）主要做法

1. 加强统筹协调，注重顶层设计

一是健全体制规程。2022 年以前，广西救助基金主要由交通管理部门进行管理，存在工作开展不充分、不平衡等特点。《管理办法》出台后，明确了财政部门是救助基金主管部门。自治区财政厅积极主动作为，联合相关部门根据《管理办法》并结合广西实际情况，出台了《广西道路交通事故社会救助基金管理办法实施细则》（以下简称《实施细则》），推进省级统筹、第三方专业化管理和运营，对救助基金的管理要求、垫付流程等进行规范和完善。

二是强化考核评价。按照"奖优罚劣"原则，自治区财政厅联合相关部门建立广西救助基金管理机构考核机制，考核机制包括定量指标和定性指标：将管理机构垫付量、追偿率、投诉率等均以定量形式纳入考核指标；将管理机构垫付的及时性、准确性，救助基金日常运营管理的规范性、合理性等均以定性形式纳入考核指标。考核结果与管理费直

接挂钩，连续两年考核低于一定分值将面临核减基本费用甚至解除协议的处理。

三是优化管理机构。全国范围内有两家救助基金管理机构的省份只有广西。首先引入市场竞争机制鞭策两家管理机构积极提升经营效率，努力创新和改善服务。其次实行管理优势互补，两家管理机构取长补短。如紫金保险在信息化管理方面已经独立研发并运行稳定的系统，在前期阶段具有很强的学习借鉴性；北部湾保险在广西的机构网点覆盖面较广，有利于在当地开展业务。两家管理机构互相竞争、互相协作、互相进步，共同促进广西救助基金事业的发展。

2. 各方共同发力，创新业务实操

一是构建服务体系。两家管理机构均构建符合自身的服务体系，其中：紫金保险专门成立广西路救中心，设立南宁、贺州、防城港、钦州、贵港、百色和来宾7个路救办负责7个地市的救助基金管理工作，由广西分公司总经理担任路救中心主任，配置专职副主任，专门负责救助基金运营管理；北部湾保险搭建了四级服务架构，在管理辖区设立了7个服务中心，保障范围覆盖2500万人。

二是打造专业队伍。紫金保险把"责任、专业、创新"核心价值理念融入每一个人心中，严格运用现代企业绩效考核机制，从及时性、回退率、覆盖面、宣传力度、追偿率等方面分别设定不同的岗位绩效考核指标，并实现量化考核。紫金保险广西路救中心已建立了一支涵盖医疗、法律、财务、受理、理算、追偿、信息管理、审计等系列岗位的专业化队伍。北部湾保险则通过开展每周小结、月度通报、专家培训、和当地交警部门联合培训、实务练兵等多种方式，打造一支素质过硬的扎实团队。

三是创新业务机制。紫金保险建立了一整套科学、有序、高效的运行和管控机制，利用专业优势严格把好垫付审核关，建立健全了垫付类管理制度20项。做到从受理申请到垫付资金发放平均时间为2.11天，较规定的时间缩短了 2.89 天，超 75% 的案件能在 2 天内完成垫付。同时，抓好立案评估、交警调解等各途径及环节，实现了百分之百立案追偿，追偿成效显著。并且有力地保障了救助基金的健康长期运营。北部湾保险构建多方联动常态化沟通机制，主动争取公安、法院、保险公司等协调联动部门的支持，与主要医院等建立良好的沟通机制，有效推动救助基金工作开展。

四是提升信息化水平。紫金保险运用信息化管理手段，开发并成功上线了救助基金信息化管理系统，包括垫付管理、追偿管理、无名氏管理、集中支付稽核审计管理等几大模块，已成功实现了全流程信息化集中管理。紫金保险广西道路救助基金微信小程序实现群众零跑腿、材料即时办，亦成为紫金保险积极探索科技赋能救助基金管理，向数字化转型的又一次创新实践，进一步打造快捷、简便的申请救助通道，为受托地区受困群众提供更加及时的救助服务（见图 1）。

图 1　广西道路救助基金紫金保险南宁网点为申请人办理救助基金业务

资料来源：紫金保险提供。

五是建立"警医+路救"联动模式。第一是保障案源对接。办案民警第一时间告知受害人救助基金的政策、开具救助基金申请通知书、通知路救专员对接。第二是保持信息沟通。专员将跟踪情况和符合申请的案件在交警、医院、路救三方微信工作群告知，让医院先抢救后垫付，解决群众抢救费用支付问题。第三是完善资料收集。符合申请的案件，医院协助群众打印入院记录、费用清单、未结算证明等资料并盖章，减少群众跑腿。第四是主动受理告知。广西路救中心审批通过后，系统直连支付将救助垫付款转入医院账户，并将垫付短信第一时间发送至申请人和办案民警。

六是加大政策普及宣传力度。两家管理机构利用服务网络平台，多方位、多层次广泛宣传。利用在电视新闻、广播媒体、广西新闻网、交警微信公众号、各地日报刊登相关新闻内容等方式多角度宣传，提升救助基金公众认知度。结合"新市民金融服务宣传月""反洗钱""反欺诈""消费者权益保护""保后回访"等活动，在宣传活动现场，设立咨询台，摆放宣传折页，走进社区、街道，给广大市民讲解救助基金惠民政策，不断提升救助基金的影响力，切实为群众办实事。

（三）取得的成效

自采用第三方专业机构管理救助基金以来，各有关部门各司其职，相互联动保证了救助基金的高效、可持续运行，形成了政府转变职能、企业承担社会责任、交通救助参与者得益受惠的多方共赢局面。

1. 效率不断提高

从受理申请到垫付资金发放平均时间不超过 3 天，远低于《管理办法》规定的时限，超 75% 的案件能在 2 天内完成垫付，受理及时率达到 100%。

2. 垫付量激增

救助基金社会管理模式运转良好，受害人家庭得到及时救助，最大限度地发挥了救助功能。救助基金垫付金额、案件量和案均垫付金额呈稳定递升态势。自 2022 年 8 月 1 日两家管理机构开始开展工作至 2024 年 5 月，累计垫付救助基金约 6800 笔，累计垫付金额约 2.5 亿元，累计救助 13000 多户家庭。

3. 追偿效果明显

救助基金管理机构和公安、法院及保险公司密切配合，理顺了立案评估、交警调解、当事人协商返还等环节，建立起以诉讼、上门、保险、交警为主要途径的追偿机制，实现应追尽追。自 2022 年 8 月 1 日两家管理机构开始开展工作至 2024 年 5 月，已累计追偿 1500 多件，累计追偿金额超 5300 万元。

二　创新点

（一）制度创新

《实施细则》坚持以人为本，对救助基金进行了新的规定。一是扩大救助对象范围，增加被保险机动车本车人员和被保险人为救助对象。二是延长救助时间，将垫付抢救费用时限由 72 小时延长至 7 日。三是扩大垫付的丧葬费用范围，将骨灰寄存和安葬等服务费用纳入垫付范围。四是压缩办理时限，将救助基金管理机构审核时限由 5 个工作日缩短到 3 个工作日，审核通过后应当在 2 个工作日内划转资金。一系列制度改革创新为道路交通事故中受害人生命财产安全提供了保障。

（二）模式创新

广西救助基金采用政企合作模式，自治区财政厅通过政府采购方式确定了两家救助基金管理机构。两家管理机构发挥自身专业优势，分别负责 7 个地市的救助基金的运营管理。自治区财政厅联合相关部门负责救助基金的制度建设和工作指导，救助基金管理机构负责将政策落地落实落细，分工明确，奖罚分明，充分推动广西救助基金垫付及追偿业务开展，从而充分发挥救助基金的救助效用。

（三）手段创新

自广西救助基金委托管理机构运营管理后，救助基金管理机构制定了业务操作规程，将业务申请流程模板规范化，给救助基金申请人提供了极大的便利；创建了救助基金综合信息平台，采用现代化信息手段，大大缩短了业务办理时间，简化了业务流程，真正为群众生命财产安全撑起"保护伞"。

三　应用价值

这项救急难、解民忧、促稳定的惠民政策，一是为命悬一线急需治疗的伤者搭建了"生命之桥"；二是降低了发生事故后当事人的上访率，减轻了交管部门的工作压力；三是提高了医院支付垫付款的效率和医院的结算率；四是充分体现了国家和社会对群众生命财产安全的关爱，在促进社会和谐、服务民生等方面发挥了民生稳定"调节器"的积极作用。自采用第三方专业机构管理救助基金以来，以科学的管理理念、高效的运营模式和先进的技术力量，在充分保障救助基金安全的前提下，实现了机构效益、基金效能、社会效应的三提升。

（一）提高了救助基金的使用效率

坚持"以人民为中心"的发展思想，为道路交通事故伤员生命开通救助"绿色通道"，使伤员得到及时救治、降低伤亡残疾率，保障道路交通事故受害人切身利益，化解社会矛盾，促进社会和谐发展。改革前，2022 年 1~7 月全区共发生致人伤亡道路交通事故 9439 起，救助基金累计垫付道路交通事故 241 起，垫付率为 2.55%，累计垫付金额 1075 万元、追偿金额 117 万元；改革后，2023 年 1~7 月全区共发生致人伤亡道路交通事故 9367 起，救助基金累计垫付道路交通事故 1750 起，垫付率为 18.68%，累计垫付金额 6276 万元、追偿金额 1595 万元。2023 年当年的垫付、追偿金额超过改革前 12 个年度的垫付、追偿金额之和。

（二）拓宽了人民群众的救助路径

推进省级统筹、专业化运营管理救助基金，新增受害群众救助途径；不断扩大救助对象范围，扩大垫付费用范围，延长救助时间，压缩办理时限，提升支付时效，为保障群众生命安全开启"绿色通道"。救助基金未委托管理机构管理之前，受制于各方面的宣传，基层人民群众的申请途径较为单一，申请救助受众面较小。委托保险公司作为管理机构后，保险公司依托专业人员及各地机构的优势，加大力度进行宣传，与交警部门及医疗机构对接更紧密，扩大了救助基金的救助面和社会影响力。

（三）提供了政府采购服务项目的推广模式

通过第三方专业机构的运作，在人力、技术等方面加大投入，密切追踪救助基金申请、审核、支付、追偿等环节，解决政府部门和相关各方衔接问题。该项目的落地实施，促进了救助基金高效利用，也为同类政府项目提供了可复制、可推广的模式，进一步提高了可行性。

本文组织编写团队：广西壮族自治区财政厅
国家金融监督管理总局广西监管局
执笔人：黎兆辉、顾华权、杨艳

创新"EOD+蓝碳"模式 服务"绿色金融"高质量发展

一 案例简介

党的十八大以来，习近平总书记高度重视生态文明建设，坚持创新、协调、绿色、开放、共享的新发展理念，构建新发展格局。2023年中央金融工作会议首次提出"做好科技金融、绿色金融、普惠金融、养老金融、数字金融五篇大文章"，① 发展绿色金融对把绿水青山转化为金山银山具有重要意义。农发行作为我国唯一的农业政策性银行，业务领域绿色属性较强，在服务绿色金融发展方面有较大的潜力和优势。为牢固树立和践行"绿水青山就是金山银山"的理念，进一步发挥政策性金融力量，做好绿色金融大文章，凸显高质量发展鲜明底色，农发行广西分行创新运用生态环境导向的开发（EOD）模式支持金鼓江岸线综合生态整治修复工程（一期）项目建设，同时利用广西红树林资源特色优势，促成全区首笔"蓝色碳汇"挂牌成交，丰富碳市场交易品种，提升"碳汇"交易市场活跃度，助力实现碳达峰碳中和目标。

（一）背景情况

以习近平同志为核心的党中央把生态文明建设摆在全局工作的突出

---

① 《努力形成科技、产业、金融良性循环》，中国政府网，2024 年 8 月 9 日，https：//www.gov.cn/yaowen/liebiao/202408/content_ 6967269.htm。

位置，做出一系列重大战略部署，陆续出台了一系列文件和政策，生态环境部等部门积极将政策推动转化为实践，确定了首批 94 个国家级 EOD 试点项目，EOD 模式逐步发展成为国家在引导生态环境保护修复、产业发展和新型城镇化方面的新模式。

从广西层面来看，广西壮族自治区党委、政府深入贯彻落实习近平总书记对广西提出的"五个更大"重要要求，有关部门积极探索 EOD 模式试点，为广西生态环境建设打造了一批绿色发展新样板，对助推经济发展发挥了重要作用。2023 年持续加大 EOD 模式的实施力度，印发了《关于做好 2023 年全面推进乡村振兴重点工作的实施意见》，提出要健全政府投资与金融、社会投入联动机制，推行 EOD 模式创新，撬动金融和社会资本按市场化原则更多投向农业农村。同时，广西关于碳汇调查评估和碳交易试点等的政策相继出台。

广西北部湾为半封闭式海湾，海洋环流较弱，水交换速度滞缓，污染物不易消纳。近年来不少工业和产业区的建设依傍在金鼓江流域，受到自然和人为因素的影响，金鼓江流域出现了明显的环境问题，沿海生态环境受到破坏，红树林湿地面临巨大的生存危机，影响了当地海洋生态安全。主要表现在：海域面积和纳潮量大量减少，潮流动力减弱；海水污染日益严重，水质明显下降；养殖池塘建设无序混乱，导致海岸线杂乱，与规划中的海湾景观十分不协调；水土流失严重，滩涂侵蚀明显，威胁沿岸路基及红树林生存；受损湿地、滩涂等生态系统恶化严重；等等。

对此，为积极响应党中央和国务院加快推进生态文明建设的有关要求，聚焦建设"蓝色海湾"和红树林修复，政府提出了金鼓江岸线综合生态整治修复工程（一期）项目建设需求。该项目总投资约 6.12 亿元，建设内容包含三大类工程，其中水利工程主要建设内容包括生态岸线及下埠江支流治理以及跌水堰工程建设，生态工程主要建设内容包括干流岸滩整治工程、红树林自然恢复与次生林改造、红树林宜林地生态重塑、鸟类栖息地生态恢复工程以及支流沿岸生态植物建设和海湾水质净化工程，景观工程主要建设内容包括景观分区建设以及绿道等专项建设工程。

（二）主要做法

1. 政银联合推进 EOD 项目

农发行广西分行高层领导与自治区生态环境厅高层领导密切对接沟通，通过联合发文、联合建立项目库、联合制定规划、联合推进的模式，推进 EOD 项目实现融资落地、成效落地。主动参与生态环境厅组织实施的各类 EOD 模式推介，与生态环境厅联合发布《关于共同推进生态环保重大项目融资的通知》，联合建立项目库，派出评审专家，深度参与全区 EOD 项目策划评审和实施方案修编，贡献农发行智慧。同时利用农发行三级行优势，构建区、市、县三级线上线下生态环保重大项目对接服务机制，组建专业团队，深入地市和县开展 EOD 模式宣介和融资辅导，全面融入全区 EOD 发展规划，提供全方位融资融智金融服务。

2. 深入研究项目顶层设计

针对生态治理项目公益属性较强、现金流不足以覆盖贷款本息的特点和难点，创新推出 EOD 模式支持该项目，以"密切关联、融合发展"为原则，因地制宜导入与生态修复相关联的特色优质产业，实现产业发展循环收益反哺生态治理，促进生态与产业融合发展。一是坚持生态优先原则，合理确定项目建设内容。采用"生态治理+产业融合"模式，科学确立生态环境修复建设内容，明确生态环境治理投资占比和目标，围绕"生态依赖度高、环境影响小、价值增长潜力大、适应本土发展"等维度优选导入关联产业，强化生态治理项目和产业项目之间关联性和可行性论证，精准定位导入关联反哺产业，确保项目合规性、整体性、收益性、可持续性。二是优选市场化、专业化"建运维"主体。EOD 模式涉及生态治理和产业发展两大领域，对市场化及专业化运作水平要求较高。该项目从规划统筹、建设开发、产业运营三个方面考虑，引入综合开发能力强、专业化水平高、运营经验丰富的市场化企业，由一个主体一体化依法依规实施，确保产业开发项目持续运营，不增加地方政府隐性债务，不涉及运营期间政府付费。

3. 高质高效服务绿色金融

农发行广西分行充分发挥政府组织、管理、协调优势和自身绿色金融成本优势，建立工作小组，统筹协调信贷业务的开展，由专业团队制定专门金融服务方案，加强上下级行纵向联动营销和前中后台横向协同营销，举全行之力推进信贷业务开展，优化营销流程、提升服务质效。充分利用差异化政策，对绿色领域重点企业、优质绿色项目客户实行优化准入条件、优化评审政策等。实施开启绿色通道、提升办贷质效和建立一事一议机制等差异化服务措施，进一步灵活把握有关制度的空间，优化了信贷业务操作流程，提升了信贷业务报审效率，实现了项目融资报审不到一个月的"农发速度"。

（三）取得的成效

1. 实现广西首个 EOD 项目落地，有力服务生态文明建设

金鼓江岸线综合生态整治修复工程（一期）项目获批 4.8 亿元贷款，目前已累计发放贷款 2.5 亿元，大力支持项目建设并取得良好的成效：该项目完成红树林自然恢复与次生林改造总计 91.00 公顷、鸟类栖息地生态恢复 1.96 公顷、海湾水质净化 5.71 公顷、养殖围堤拆除 6.39 公里、岸线生态化 5.39 公里，进一步改善了湾内水动力条件，恢复了湿地面积、生态系统结构和功能，同时改善了城市周边绿化景观带，提升了城市品质并优化了民生环境。

2. 带动广西区内 EOD 项目相继落地，示范效应较强

该项目落地后，农发行广西分行相继推动柳州市香兰河流域综合治理、宾阳县农村环境治理与产业融合发展、桂林经开区罗汉果小镇生态环境治理与产业发展等 EOD 项目获批贷款。

二　创新点

（一）因地制宜实践 EOD 模式，创新设计项目现金流

生态治理项目公益属性较强，在项目设计初期面临着现金流不足以覆盖贷款本息的困难。农发行广西分行与中交城市投资广西中马钦州产业园区有限公司（以下简称"中交城投中马公司"）、可研编制单位共同谋划，创新推动以 EOD 模式策划该项目。坚持生态优先原则，在金鼓江区域进行岸线整治以及红树林修复与保护等生态环境治理的基础上，围绕"生态依赖度高、环境影响小、价值增长潜力大、适应本土发展"等维度，因地制宜导入与生态修复相关联的特色优质产业，充分利用了中马钦州产业园区内独有的红树林资源，建立红树林种苗试验基地及红树林育苗场，以红树林销售收入为主实现项目收益的平衡，以产业发展循环收益反哺生态治理，解决生态治理项目融资难题，促进生态和产业融合发展。该模式的运用，一方面满足了生态环境治理的要求，另一方面明确了银行还款资金来源，为后续广西区内 EOD 项目提供重要借鉴。

（二）践行"绿水青山就是金山银山"，广西首笔"蓝碳"挂牌成交

红树林生态系统是滨海"蓝碳"的重要组成部分，可作为清洁发展机制项目的碳汇类型，红树林产生的碳汇量可进行交易，交易产生的

收入成为企业还款来源的一部分。2023年9月该项目形成的蓝色碳汇在北部湾产权交易所集团广西（中国—东盟）蓝碳交易服务平台挂牌成交500吨。此次"蓝碳"交易是广西将优质的生态资产转化为持续推进高质量发展资本的第一次有益尝试，推动了"海洋牧场"向"绿色银行"的转变，对于广西海洋碳汇交易市场乃至全国海洋碳汇交易市场具有重要价值。同时，"蓝碳"交易丰富了市场交易品种，提升了海洋碳汇交易市场活跃度，助力实现碳达峰碳中和目标。广西以首笔"蓝碳"交易产生收入作为还款来源的思路，也为广西利用金融杠杆，撬动绿水青山高效率转化为金山银山提供了实施路径。

（三）设立央企子公司承贷，为项目建设运营提供了有力保障

EOD项目同时包含生态治理项目和产业融合发展项目，项目顺利完成建设、实现可持续运营，对公司综合实力、专业能力等方面要求极高。中国—马来西亚钦州产业园区管理委员会高度重视金鼓江岸线综合生态整治修复工程（一期）项目开发与建设，指定自贸区钦州港片区的平台公司与央企中交城市投资控股有限公司共同出资成立项目的承贷主体中交城投中马公司。中交城投中马公司作为中国交通建设集团有限公司的三级子公司，从中交城市投资控股有限公司调入包含财务管理、公司管理以及项目管理等优秀人员，组建专业的公司团队。公司背靠央企股东，综合实力较强，具有极大的发展潜力，为项目建设运营提供了有力保障，充分满足农发行广西分行借款人准入相关要求。同时，为了更好监测保护红树林生长和修复，公司发挥央企专业优势，利用互联网搭建了"生态数字化治理"红树林监测平台，实时有效监测红树林的生长情况，为项目运营管理提供了有力保障。

（四）深化政银企合作，大力支持地方发展战略

为落实党中央海洋生态保护修复及生态文明建设的要求，钦州市基

于"港产城一体，绿色人居"理念建设钦州港，依托"蓝色海湾"整治行动，探索生态优先、产业和谐发展的生态产品价值实现路径。中国—马来西亚钦州产业园区管理委员会与中交城市投资控股有限公司作为牵头人联合签订合同，对金鼓江水域及岸线进行综合生态整治，逐步实现"水清、岸绿、滩净、湾美、岛丽"的海洋生态文明建设目标。农发行广西分行坚持习近平生态文明思想，与中国—马来西亚钦州产业园区管理委员会、中交城市投资控股有限公司、中交城投中马公司紧密配合，实现政府、央企、银行三方联动，形成强大合力，开辟绿色通道，优化办贷流程，发挥农发行广西分行"水利""绿色"品牌特色以及政策职能，以最快的速度实现了项目的审批及投放，擦亮生态环境"底色"，助力钦州市打造蓝天碧水的美丽滨城。

三 应用价值

（一）助力构建地方生态文明建设典范

我国资源约束趋紧、环境污染严重、生态系统退化问题十分严峻，人民群众对清新空气、优美环境的要求越来越强烈。EOD 模式以"谁开发谁保护"为原则，将生态环境保护治理投资纳入区域开发经营成本，将绿色发展理念贯彻到底。EOD 模式强化构建生态优先的长效机制，通过"肥瘦搭配"组合开发、统筹推进、产业反哺、一体化实施，实现区域开发在修复中转型，推动产业结构的绿色转型，使绿水青山持续发挥生态效益和经济社会效益，让良好的生态环境成为人民生活的幸福点，成为经济社会持续健康发展的支撑点，成为推进高质量发展的发力点。

（二）充分发掘生态资源经济社会价值

广西作为全国重要的森林资源富集区、森林生态优势区和林业产业集中区，各类森林资源丰富，林业产业发展优势明显，生态地位举足轻重。2023年广西林业产业总产值超过9500亿元。在红树林资源方面，划入生态保护红线的红树林面积达9417公顷，红树林能够捕获和储存大量的碳，具有极高的固碳效率。广西以首笔"蓝碳"交易产生收入作为还款来源的思路，充分挖掘了生态资源经济社会价值。

（三）EOD模式运用前景广阔

一是可持续探索应用领域，丰富EOD模式运用场景。紧跟党中央关于生态环境保护的重大决策部署，深化EOD模式与乡村振兴的融合，重点围绕水环境综合治理、流域整治、矿山修复、环境综合治理、农村人居环境整治、固体废物防治等生态治理领域，将农业种养殖、农业精深加工、农业废弃物及农业资源化利用等与生态治理有效结合，以产业发展循环收益反哺生态治理，促进生态与产业融合发展。可进一步推动EOD模式在废弃矿山修复、农业农村综合开发、城乡供排水一体化、重点流域治理等领域实现良好发展。二是引入央企等专业企业，加快推进市场化运作。优化各类财政专项资金使用，发挥"财政+金融"联动效应，着重发挥财政资金的引领带动作用，通过机制构建吸引社会资本进入，构建多元化融资格局，推动央企、国企与环保头部企业及产业类公司一起落地EOD项目，共同参与生态文明建设，为地方经济社会高质量发展注入源头活水。

本文组织编写团队：中国农业发展银行广西壮族自治区分行

执笔人：刘惠敏、苏晋

创建海外保险业务风险管理平台
服务东盟地区中资企业发展

中国人民财产保险股份有限公司（以下简称"人保财险"）以习近平新时代中国特色社会主义思想为指导，全面贯彻党的二十大和二十届三中全会精神，把中央金融工作会议、中央经济工作会议、党中央决策部署要求同集团卓越保险战略紧密结合，深刻把握金融工作的政治性、人民性，主动服务和融入中国式现代化，深入践行"国人国保""国企国保"理念，构建"一带一路"高质量保险支持体系，在海外项目领域探索"保险+风险减量服务+科技"的商业模式，注重全过程风险管理、强化事前事中减损，做深做优风险减量管理，提升对国家海外利益的保障能力。

一　案例简介

（一）背景情况

习近平指出，中国—东盟关系成为亚太区域合作中最为成功和最具活力的典范，成为推动构建人类命运共同体的生动例证。① 尤其是《区域全面经济伙伴关系协定》（RCEP）的正式签署，标志着当前世界上人口最多、经贸规模最大、最具发展潜力的自由贸易区正式启航。

---

① 《第一报道 | 中国东盟合作"三十而立"　习近平这些话意义重大》，新华网，2021年6月11日，http://www.xinhuanet.com/world/2021-06/11/c_1211197094.htm?appid=838919。

2023 年是中国—东盟建立战略伙伴关系 20 周年，双方经贸联系日益密切。2013 年以来，中国与东盟贸易年均增速 8.8%，高出同期中国整体贸易年均增速 3.8 个百分点，2023 年双边贸易继续增长，规模达 6.41 万亿元，占我国外贸比重达到 15.4%，东盟连续 4 年保持中国第一大贸易伙伴地位，同时，我国连续 15 年保持东盟最大贸易伙伴地位，2023 年我国对东盟进出口规模占对其他 RCEP 成员国进出口规模的 50.9%，占我国对"一带一路"共建国家进出口规模的 32.9%。双向投资蓬勃发展，2023 年中国对东盟国家投资增幅高达 44.6%，双向累计投资超过 3800 亿美元，双方已成为相互投资最活跃的合作伙伴；东盟已成为中国车企海外投资最为集中地区，2023 年中国品牌占东盟新能源汽车销量的 67%，风电、水电、太阳能等清洁能源合作规模持续扩大。第 20 届中国—东盟博览会和中国—东盟商务与投资峰会共有 470 个投资合作项目签约，总投资 4873 亿元，比上届增长 18%，其中制造业投资占比超过 65%，活动场次、项目数量、投资总额和制造业投资占比均创历届新高。互联互通继续走深走实，中老铁路、雅万高铁、中老泰马跨境铁路客货运输两旺，2023 年广西东兴、云南河口口岸日均进出境人员数量超过 1 万人次，海关累计监管经中老铁路进出境人员 11.42 万亿人次，西部陆海新通道铁海联运班列在 2023 年上半年运输量增长 20.8%。产业链供应链深度融合，2023 年中国对东盟出口中间品 4.13 万亿元，东盟是中国农产品和能源产品的重要进口来源，中国棕榈油进口几乎全部来自印度尼西亚和马来西亚，印度尼西亚、缅甸分别是中国煤炭、锡矿砂第一大进口来源国。

中国与东盟双边贸易和相互投资的快速发展，为中资企业提供了大量"走出去"机会，也推动保险需求快速增长，为两地保险业相互合作、共同发展提供了难得契机。中资企业在"一带一路"沿线，尤其是东南亚、南亚、中亚等新兴经济体或发展中国家参建了交通、通信、能源等大量基础设施项目，单体项目投资金额较大，频繁发生的自然灾害对项目安全造成重大威胁。

人保财险作为国有大型骨干金融保险企业，主动融入国家发展战略，充分发挥风险管理和保障功能，以东盟地区为重点，积极搭建海外业务保险产品库、研发风险管理平台，将"保险+风险减量服务+科技"的新商业模式嵌入实际行动，深度融合 GIS、气象、卫星遥感、国别报告、大数据和风勘标准，推出海外业务保前风险评估、保中远程风勘、灾前风险预警、灾后风险复盘等"1+N"风险解决方案，通过发挥平台辅助业务决策和风险减量管理的作用，提高风险识别能力，扎牢中资海外利益"安全网"，推进公司海外业务高质量发展。

（二）主要做法

海外保险业务风险管理平台覆盖了固定资产损失、人身意外和法律责任等，可为企财险、责任险、信用险、保证险、意外险等险种提供管理服务，具体如下。

为海外业务展业人员提供辅助决策工具，查询海外标的所在地区自然灾害类型的频次、强度、规模等分析结果，帮助一线展业人员筛选优质标的。

为公司核保人提供线上风险识别、评估和管理工具，支持核保人查阅公司海外业务分布情况及风险累积情况。

为统筹公司海外业务重点项目管理，从地区/国家、行业、客户、险种等多维度提供数智化、立体式工具。

通过对接"云管家"保险专属服务平台或政府机构（如商务部）、重要客户自有系统，帮助政府机构、重要客户实现对其海外资产/项目的线上化风险减量管理。

（三）取得的成效

2023 年，人保财险为广西"走出去"企业提供财产一切险、工程机械设备综合险、机器损坏险、营业中断险等保障和"保险+"综合服务，为在越南、菲律宾等国家具有中资利益的 20 余家企业和相关工程项目提供风险保障。

1. 承保中国电建越南金瓯海上风电项目

这是越南乃至整个东南亚地区当前在建的最大海上风电项目。工程完工后，每年将新增发电量约 11 亿千瓦时，节约标准煤约 45 万吨，减少二氧化碳排放约 88 万吨，将显著改善当地乃至整个越南南部地区电力短缺现状。

2. 承保中国大唐柬埔寨金边—菩萨—马德望电网项目

柬埔寨电网有限公司运营的金边—菩萨—马德望输变电工程是中国电力企业在柬投资以 BOT 模式建设的电压等级最高、输电里程最长的电网项目。2020 年 11 月，人保财险独家承保柬埔寨电网有限公司财产一切险、机器损坏险、公众责任险，切实保障中资企业在柬利益。

3. 承保中国交建菲律宾帕赛疏浚吹填项目

人保财险作为首席承保人承接菲律宾帕赛疏浚吹填项目财产一切险 46.8% 的份额。菲律宾帕赛疏浚吹填项目是菲律宾迄今规模最大的疏浚吹填工程，也是我国"一带一路"倡议和菲律宾"大建特建"计划"相向而行"的标杆工程。项目完工后将在马尼拉湾吹填形成陆域面积为 396 公顷的三个人工岛，有效缓解马尼拉大都会区土地紧缺状况，改善投资环境，促进区域经济发展。

二　创新点

（一）赋能基层展业

基层展业人员负责海外业务拓展、客户维护等工作，收到外部项目招标、询价、竞争性谈判后，可登录平台查询该项目涉及标的所在地区自然灾害类型的频次、强度、规模等分析结果；在每个项目/保单关联服务经理基础上，登录平台查询并管理自身牵头负责的项目基本信息情况，包括承保、理赔情况；通过海外安全预警模块及时收到自己所负责项目所在区域的安全预警信息，以便对外与政府机构、客户、股东经纪人进行及时沟通、交流。

（二）赋能后台核保

核保人可登录平台从地区/国家、行业、客户、险种等多维度查询海外业务分布情况及风险累计情况；查询在核项目涉及标的所在地区自然灾害类型的频次、强度、规模等分析结果，通过人工智能分析同一地区/国家、同类项目基本信息，特别是承保条件，为承保条件的确定、价格水平的拟定提供重要参考；通过国别模块可实时查询单个地区/国家合规、税收、保费、保单、再保险以及当地操作管理等要求，确保海外保险方案的合规性和有效性。平台以大数据技术为切入点，通过构建完善的数据仓库、数据湖等先进基础设施，打造险企坚固的底层风控数据资源池，在人工智能技术支持下，实现风控模型的整体优化，全面提升风险定价能力。

（三）赋能精细管理

海外业务管理人员可登录平台，掌握多维度统计分析报表或报告，并通过数据、分析和决策三个层次引导精细管理。在数据层，利用数据集成系统完成数据采集与管理；在分析层，利用统计、计量经济等工具模块进行规律性分析；在决策层，通过运筹优化、博弈等工具模块进行决策建模与求解。

（四）赋能防灾减损

可为负责"一带一路"建设的政府机构以及"走出去"的重要客户提供海外地区风险信息，包括自身项目的承保信息和理赔信息，通过对接"云管家"保险专属服务平台提供灾害预警等全量风险管理服务，基于承保客户及项目的风险数据集合，利用大数据、人工智能等先进技术，凭借深厚的技术积累和丰富的行业经验，识别风险，精准预警，科学预防，通过"智能终端+监控平台"双管齐下，建立"物防+技防"多维防控体系，协助政府、企业做好风险防范工作，从而实现把灾害带来的损失降到最低。

三　应用价值

（一）为制定海外业务个性化保险方案提供科学依据

平台风险信息已覆盖东南亚、南亚、中亚的 23 个国家，包括巴基斯坦、马来西亚、印度尼西亚、泰国、越南、老挝、菲律宾、柬埔寨、缅甸、文莱、东帝汶、印度、马尔代夫、不丹、斯里兰卡、孟加拉国、尼泊尔、新加坡、哈萨克斯坦、吉尔吉斯斯坦、塔吉克斯坦、乌兹别克斯坦、土库曼斯坦；可输出地震、台风、暴雨、风暴潮、洪涝、地质灾害等 6 种典型自然灾害类型的频次、强度、规模等分析结果，为中资保险机构成功承保雅万高铁、中老铁路、尼日利亚白金港、越南金瓯海上风电等项目提供了重要参考，有效推动中国参与"一带一路"共建国家，尤其是东盟地区设施联通、贸易畅通和资金融通。

（二）为提升中资保险机构再保险话语权提供有力支撑

海外地区灾害风险管理平台的成立，有效减少了直保和再保两个市场的信息不对称问题，为中资保险机构对标国际再保规则和争取有利再保条件提供了有力支持，大大提升了中资保险机构在国际再保险市场的议价能力，扭转了以往国内分保业务只能被动接受国际再保人不合理要求的局面，对于提升中资保险机构再保险话语权具有重要的现实意义。

（三）为中资海外利益安全提供坚强保障

海外保险业务风险管理平台引入国际领先的海外地区灾害风险评估技术，结合海外业务承保经验，构建"一带一路"风险评估体系，并绘制海外地区风险地图，结合公司海外业务实践，整合国内外权威分析报告资源，着力推动建立"一带一路"共建国家风险数据库，平台应用技术实现海外项目的精准可视化展示，智能分析区域累计承保风险平台支持高分辨率卫星数据的线上展示和对比分析，可为客户提供工程进展、形变沉降、治安、环境等综合信息分析服务，全方位确保客户海外资产安全，对于保障中资海外利益，维护地缘社会经济稳定，以及提升中国保险业在国际国内"两个市场"配置资源的能力具有重要的现实意义。

本文组织编写团队：中国人民财产保险股份有限公司
广西壮族自治区分公司
执笔人：魏昀璐、罗承舜、刘江

打造广西线上医保共济缴费平台

党的十八大以来，在以习近平同志为核心的党中央坚强领导下，我国逐步建立起了全世界最大的基本医疗保障体系。医疗保障制度的日益健全，为群众就医减轻了负担，全民健康水平显著提升。

为深入贯彻落实党的二十大精神和中共中央、国务院深化医疗保障制度改革有关决策部署，持续推进健全覆盖全民、统筹城乡、公平统一、安全规范、可持续的多层次医疗保障体系，解除人民群众看病就医的后顾之忧，2023年广西正式启动职工医保个人账户代缴城乡居民医保费用政策，发挥职工医保个人账户基金家庭共济的作用，用活用好个人账户资金。为配合政策更好落地，中国工商银行广西分行作为广西异地就医资金结算主办银行，主动担当大行责任，依托自身金融科技优势，与广西壮族自治区医疗保障局（以下简称"自治区医保局"）和国家税务总局广西壮族自治区税务局（以下简称"自治区税务局"）独家合作，共同开发建设了广西线上医保共济缴费平台（以下简称"医保共济缴费平台"）。

该平台可为广西职工医保参保人提供线上一站式"共济绑定+共济人城乡居民医保缴费"服务，打通银行、税务及医保部门的服务网络，构建出线上医保共济缴费服务新格局。该项目于2023年6月投产，当年即实现缴费64.59万笔，金额达2.42亿元，为广西全区基本医疗保险参保率继续保持在97%以上提供新动力，产生了较好的社会效益。

该项目作为"政务+金融"平台合作的一次有效探索，是"金融服务+医疗养老"的具体实践，也是广西壮族自治区政府筑巢引凤，为吸引人才、引进人才、留住人才提供的创新优质政务服务。借助医保共济缴费平台服务，能让广大人民群众真真切切地感受到党和政府在社会保障方面所体现出的温暖与关怀。

一　案例简介

（一）背景情况

传统职工医保制度采用社会统筹和个人账户相结合的方式，其中个人账户主要用于支付门诊和药店费用。经数年累计，个人账户目前资金结余较多，未能充分体现其保障功能，不利于医保资金互助共济作用的发挥。同时，个人账户资金不能在家庭成员间共享，导致部分个账资金使用效率较低，参保人员医疗负担减轻效果不明显。

为了解决"健康的用不上，生病的不够用"这一突出矛盾，2021年国务院办公厅出台《关于建立健全职工基本医疗保险门诊共济保障机制的指导意见》，提出建立健全职工基本医疗保险门诊共济保障机制，并允许家庭成员共济使用个人账户，扩大统筹基金支付范围至普通门诊费用，多措并举深化医疗保障制度改革，减轻参保人员特别是老年人的门诊费用负担。

广西壮族自治区人民政府办公厅于2021年12月印发了《广西职工基本医疗保险门诊共济保障实施办法》，在个人账户使用范围的规定中明确提出，个人账户可用于支付参保人员的配偶、子女、父母、配偶父母在广西区内参加城乡居民基本医疗保险的个人缴费。

传统医保缴费模式下，缴费人完成缴费信息核对和资金支付后，由税务部门完成资金对账划转入库，即可完成缴费权益确认。但在医保共济缴费模式下，信息交互、资金划转、账务核对和权益确认等流程均与传统医保缴费模式有着显著差异。从信息交互方面来看，税银双方交互的模式需调整为税务、医保和银行的三方交互；从资金划转方面来看，一对一转账模式调整为先扣除医保个账余额，再由医保部门划转资金到税务待报解过渡账户的"两步走"模式；从账户核对和权益确认方面来看，税银双方确认权益归属要调整为税银医三方核对才能完成资金入库和权益确认。从以上分析可知，要实现医保共济缴费服务的落地，税务、医保与银行必须打造新的平台系统，广西线上医保共济缴费平台应运而生。

（二）主要做法

1. 紧跟国家政策部署，提高政治站位

工商银行广西分行具有多年社保医保领域服务经验，在社保医保领域改革的关键时刻，始终冲锋在前，坚持金融工作的政治性、人民性，积极支持建设创新服务项目平台。此次政策出台后，工商银行广西分行领导高度重视，第一时间在行内组建由行领导任组长，行内业务及科技部门负责人和骨干作为项目组成员的专班工作小组，全力推进项目实施。对外合作方面，工商银行广西分行与自治区税务局及自治区医保局组成联合项目组，多次召开专项会议对医保共济缴费平台建设方案及实施路径展开研讨论证，集各方资源保障项目按质按量如期完成。

2. 发挥金融科技优势，满足多点需求

医保共济缴费平台需要银行端、医保端及税务端三方同时搭建交互系统，在医保共济关系验证、待缴费信息查询、缴费人医保个账余额查询、医保个账扣款及医保账户划款等环节分别建立交互关系，串联完整的业务流程。工商银行广西分行在系统建设中主动承担起系统"中枢神经"作用，在业务办理前、中、后三个环节分别对业务流、资金流和信息流进行整合，根据业务触发环节向业务各端推送，保障业务流程的高效通畅。

3. 创新服务手段渠道，增强用户体验

通过前期用户习惯分析，"微信公众号渠道"成为医保缴费用户群体使用频率最高的交易渠道，且该渠道支持在线医保共济关系绑定，可

实现与医保共济缴费服务的无缝衔接。经多次商讨，各方一致同意采用
H5 页面作为操作入口嵌入广西税务 12366 微信公众号的方式对接开发。
缴费人在广西税务 12366 微信公众号上仅需简单操作两步即可完成缴
费，极大增强了用户体验。系统投产上线后，该渠道缴费人数快速增
长，跃居为工商银行广西分行医保缴费量各渠道之首。

4. 构建安全防护体系，保障系统运行

为确保系统稳定运行，工商银行广西分行针对系统特点为其搭建了
全方位安全防护体系。网络安全方面，该系统在互联网与内网之间设置
隔离区，部署多重安全防护保护措施，防范外部黑客的恶意攻击，提升
互联网应用安全防护等级；数据传输方面，采用专线模式与税务及医保
端进行数据交互，隔绝互联网环境，最大限度降低数据传输信息泄露风
险；个人客户信息安全方面，对 H5 页面展示的敏感信息一律进行脱敏
处理，并对所有个人信息进行加密传输；数据存储方面，该平台数据存
储与金融数据享受同样安全等级，使用工商银行同业领先模式建立同城
加异地完整灾备架构及"两地三中心"全球灾备体系，保障存储数据
的安全。

（三）取得的成效

1. 服务惠民生，写好养老金融大文章

当前，我国人口发展呈现老龄化趋势，党的十八大以来，习近平总
书记对养老金融做出多次重要指示批示，将老年人就医看病、健康养老
提升到关系国家发展与福祉民生的重要地位。近年来，广西养老事业和
医保事业发展取得了积极成效，越来越多老年人老有所养、老有所医、
安享健康的晚年生活。截至 2023 年末，广西 60 岁以上老年人口达 937
万人，占常住人口的 18.6%；全区参加职工医保人数超 730 万人。借助
医保共济缴费服务，职工医保参保人可为家庭成员提供就医治病、健康
养老的支持帮助，乘数效应显著。

该平台 2023 年 6 月正式上线至今，已实现区本级及全区 14 个地市业务全覆盖。截至 2023 年末，缴费业务笔数 64.59 万笔，缴费金额 2.42 亿元，助力全区基本医疗保险参保率继续保持在 97% 以上，促进广西养老保障事业和医疗保障事业高质量发展。

2. 科技提质效，助力医保事业大发展

医保共济缴费平台在系统设计之初，就将线上资金划拨、对账等后台管理功能纳入平台建设规划，以减轻新模式下业务及财务经办人员的操作压力。经合作三方充分沟通讨论，决定通过银行生成每日待划转明细清单，分类推送至各级医保部门的模式进行开发建设。该模式下，医保部门只需核对明细清单，并按约定频次定期发起支付，即可通过系统联动自动完成待划转明细清单勾兑及税务端对账入库提醒。即使面对集中缴费高峰期，财务经办人员的核对工作也不会有显著变化，以安全高效的系统处理手段促进服务质效大幅提升，助力广西医疗保障事业进一步发展。

二　创新点

（一）业务模式创新

医保共济缴费平台是广西区内首个通过医保个人账户实现社保缴费业务办理的服务平台。平台上线前，医保个人账户的使用范围主要为在定点医疗机构门诊或住院发生的个人负担医疗费用及定点零售药店购买药品等。平台上线后，医保个人账户的使用范围拓展至城乡居民医疗费缴纳。新模式不仅为缴费人带来操作简便、交互顺畅的服务新体验，还通过搭建的全新记账核算体系，保证全流程账务的清晰准确。更重要的是，该平台创新突破异地参保人个账代缴屏障，城镇职工参保人可为在广西任意地区参保的共济人缴纳城乡居民医保费，切实强化医保的互助共济功能。

（二）合作方式创新

一方面，医保共济缴费平台打破机构壁垒，通过"税务+医保+银行"的系统建设模式，发挥三端业务、服务及渠道优势，将"共济关系绑定""共济账户缴费"等服务整合为一站式操作，为办事群众提供更加便捷友好的服务体验。另一方面，税医银三方通过签订合作协议，建立工作机制，借助项目工作小组的形式不断完善更新各自业务服务及系统功能，建立问题处理快速响应机制，打造系统平稳运行的有效制度规范。

（三）服务渠道创新

从线下缴费，到线上 PC、App 缴费，医保缴费模式已历经数次迭代升级。此次医保共济缴费平台再次突破传统，创新采用 H5 页面作为缴费新渠道，为用户打造了更加友好的服务入口。同时，H5 页面具有更强的兼容性，能嵌入不同渠道平台实现快速部署。该项目基于目标用户偏好及数量分析，优先选择在广西税务 12366 微信公众号平台部署医保共济缴费 H5 页面，后续亦可根据业务发展需求，进一步推广至其他渠道平台，具备较为广阔的业务发展空间。从用户视角来看，H5 页面渠道可直接点击访问，无须额外下载安装，不占用设备存储空间，降低了使用门槛，为医保共济缴费服务的快速推广奠定良好基础。

（四）技术模式创新

该项目采用微服务技术架构，把医保共济服务拆分成税银服务模块、医银服务模块、医保共济业务服务模块三大类。微服务技术架构可为每项服务提供独立的开发、测试和部署空间，削弱系统部署的复杂性，减少联动风险，可快速应对后续新功能迭代升级需求。面对业务高峰压力，微服务技术架构可通过独立扩展应对更高的负载峰值，提高系统的整体可扩展性。除此以外，该平台项目还创新引入 guava cache 作为一级缓存、redis 作为二级缓存的两级缓存模式，大幅提升了系统的并发量及响应速度。

三　应用价值

医保共济缴费平台建设作为数字广西建设的内容之一，是支持广西加快实现政务管理"一网通办"、"一事通办"和数据互联互通、共享共用目标的创新举措，具有较高的应用价值，主要体现在以下几方面。

（一）优化政务服务，谱写高质量发展新篇章

医保共济缴费平台通过促进医保个人账户资金在家庭成员间共享，进一步提高了医保资金的整体使用效率，增强了普通家庭尤其是低收入和弱势群体应对医疗费用的能力，为更多参保群众提供平等享受必要医疗服务的途径和机会，促进社会的公平和谐，提升人民群众的安全感和幸福感。工商银行广西分行将以医保共济缴费平台为起点，继续探索民生领域智慧政务创新服务模式，服务好广西高质量发展中心工作，打造出更多惠及民生的优质项目，推动项目价值的不断延伸。

（二）提升医保参保比例，提高医疗保障水平

医保共济缴费模式推出后，该渠道当年缴费量即出现大幅增长趋势，城乡居民医保参保意愿和比例进一步提高。参保意愿和比例的提高在促进医保基金总量增长的同时，还帮助政府部门进一步提升医疗保障能力，加强医保领域公共服务建设，推动医疗资源合理配置，将完善的医保服务向基层和农村地区不断延伸，增强医疗服务的普惠性。

（三）促进数据共享利用，推动政银数字化转型

医保共济缴费平台的出现，推动了政府部门和金融机构之间的数据共享，在提升政务服务效率的同时，为政府决策、金融发展提供更全面准确的数据支持，打破信息孤岛，推动一网通办模式的进一步深化，依托更加高效、透明、便捷的服务体系，为广西建设面向东盟的金融开放门户提供创新合作样板。

（四）探索政务服务新路径，实现多领域推广

医保共济缴费平台除可应用于社保医保缴费场景外，在各类政务缴费场景及企业收款服务场景均具备较好的适配性。H5 页面以其开发周期短、灵活度高、便于快速迭代及维护成本低等特点，在未来政务服务领域具备较好的发展潜力，该项目的上线，进一步助力各类政务服务平台参照此模式实现高效推广和传播，打造更为立体丰富的服务格局。

本文组织编写团队：中国工商银行股份有限公司
广西壮族自治区分行
国家税务总局广西壮族自治区税务局
广西壮族自治区医疗保障局
执笔人：尚铁山、汤彦

创新报价机制与搭建交易平台
助力涉外经济高质量发展

一　案例简介

（一）背景情况

1. 广西对越贸易往来活跃，双边本币是中越边境贸易主要结算币种①

随着中越贸易往来日益密切，银行的人民币对越南盾汇率直接报价及汇率波动是影响中越边境贸易双边本币结算的关键因素。但在 2014 年广西沿边金融综合改革之前，中越边境地区的人民币对越南盾汇率直接报价由地下钱庄主导，银行的人民币对越南盾汇率直接报价是缺位的，完全参照地下钱庄报价执行，导致这一时期中越边贸结算绝大部分通过中越地下钱庄办理。因此在 2014 年广西沿边金融综合改革之初，中国人民银行崇左市分行（以下简称"崇左市分行"）首次尝试探索人民币对越南盾汇率价格发现机制，建立了银行柜台"抱团定价，轮值报价"的人民币对越南盾汇率直接报价模式。银行为边贸企业、个人提供人民币对越南盾汇率直接报价，有效地促进了中越边境贸易回归银行结算，推动了边境贸易跨境人民币结算的增长。

多年的实践中，银行与地下钱庄的人民币对越南盾汇率直接报价机

---

① 2023 年广西对越贸易额达 360.1 亿美元。2012~2023 年广西对越贸易额年均增长 12.6%，越南连续 25 年成为广西第一大贸易伙伴。2012~2023 年越南保持广西第一大人民币跨境使用国家地位。

制自成体系，相互博弈，相互影响。但近年来随着人民币汇率波动幅度加大以及疫情的影响，在疫情防控期间边境地区银行柜台"抱团定价，轮值报价"模式弊端也逐渐显现，各银行与越方银行议价能力高低不一，所形成的人民币对越南盾汇率较地下钱庄汇率明显处于劣势，中越边境地区的跨境人民币结算业务在疫情防控期间也出现断崖式下滑，跨境人民币结算占贸易比重下降。

2. 边贸市场主体迫切需要稳定的中越双边本币汇率

长期以来中越边境地区活跃着大量地下钱庄，与银行渠道结算相比，地下钱庄在汇率报价、手续费、结算时效等方面具备优势。但随着国内"断卡行动"、打击地下钱庄力度不断加大，边贸货款通过地下钱庄汇款受到较大影响，边贸市场主体通过银行办理边境贸易结算动力和意愿增强。而人民币对越南盾汇率波动对边贸市场主体通过银行办理跨境汇款影响较大，边贸企业希望银行能提供稳定的、有价格优势的人民币对越南盾汇率。针对边境银行人民币对越南盾汇率存在的问题，崇左市分行在中国人民银行广西壮族自治区分行（以下简称"人民银行广西分行"）的指导下，结合当前边境贸易的发展变化，找出现行银行报价机制存在的问题，探索建立新的报价机制，增加银行的人民币对越南盾汇率直接报价优势，推动边境贸易结算回归银行。

3. 积极作为，打造边境贸易跨境结算的崇左方案

为践行金融为民理念，贯彻落实金融服务实体经济这一根本宗旨，崇左市分行立足本地特色实际，先行先试，积极打造边境贸易跨境结算的崇左方案。一是提供制度保障，规范边境贸易结算。二是创建银行人民币对越南盾做市商报价机制，培育一家与越方银行广泛合作、越南盾议价能力强、人民币结算规模大、具备批发越南盾实力的银行开展人民币对越南盾做市商报价。三是依托"一平台三市场"，构筑"互联网+线上互市"结算模式，将互市贸易全链条交易、结算纳入规范管理。四是不断扩大中越银行边境贸易结算服务主体。五是依托贸易结算互联

互通系统，搭建跨境结算"高速路"。以大数据赋能，提升银行真实性审核效率。多措并举，形成边民互市贸易规范结算推动涉外经济高质量发展的良好局面。

（二）主要做法

1. 提供制度保障，规范边境贸易结算

崇左市分行通过跨部门多层次联合监管，形成制度保障，促进边境贸易规范结算。协助商务部门制定出台《边民互市贸易"一平台三市场"建设实施方案》，规范边民互市贸易进出口及国内交易环节管理，在边贸制度中明确交易规则及结算要求。联合商务部门发布公告执行边民互市贸易先结算后放行政策，规范边民互市贸易结算行为。加强部门协同合作，崇左市分行与崇左辖内 5 家边境口岸海关签订联合监管备忘录，进一步推进边境贸易信息共享，合力监管边境贸易，保证规范交易。同时，崇左市分行与友谊关海关缉私局不定期召开联席会议，对边民互市贸易不规范交易开展磋商研判，明确达成边民互市贸易结算共识，对边民互市贸易不结算涉及走私行为严厉打击。

2. 创建银行人民币对越南盾做市商报价机制

崇左市分行基于市场主体需求，为实现中方银行掌握人民币对越南盾汇率直接报价主导权，探索创建银行人民币对越南盾做市商报价机制，建立相应框架。在该框架下，由实力强、与越南银行有广泛合作、拥有较强越南盾议价能力的银行担任做市商，开展人民币对越南盾做市商报价，以此活跃银行间人民币对越南盾的市场化交易，扩大交易规模，推动中方银行掌握人民币对越南盾汇率直接报价主导权，保持中方银行的人民币对越南盾汇率直接报价优势，促进边境贸易通过银行渠道开展中越双边本币结算，扩大对越南的跨境贸易人民币使用规模。同时制定五年规划，最终实现广西对外发布人民币对越南盾价格指数，向全国提供人民币对越南盾直接汇兑和本币结算产品，为

中越经贸往来提供便捷高效、低成本的双边本币结算渠道。2023年11月试运行做市商报价与轮值报价模式并行机制，并推动银行间开展越南盾交易测试。

3. 依托"一平台三市场"，构筑"互联网+线上互市"结算模式

为深入推进边境贸易转型升级，进一步规范边民互市贸易进出口及国内交易环节管理，崇左市分行积极协助商务部门制定出台《边民互市贸易"一平台三市场"建设实施方案》，建设广西边民互市贸易线上公共服务平台，完善边民互市贸易进出口交易、国内流通收购交易、落地加工原材料采购三个市场的规范管理和服务，打造全区统一标准规范、统一业务流程、统一系统功能的边民互市贸易线上公共服务平台和系统，为边民互市贸易提供交易真实性、安全性的服务保障，实现三个市场交易的合规化、便利化，全面促进广西边民互市贸易规范化、产业化高质量发展。实施方案出台以来，崇左市分行大力支持崇左市边民互市贸易"一平台三市场"的建设，加强与商务部门、边民互市贸易结算服务中心沟通联系，及时收集、反馈、解决建设中遇到的困难和问题，协调推动自治区边民互市贸易线上公共服务平台与广西边境口岸互市贸易结算互联互通信息平台进行数据对接，构筑"互联网+线上互市"结算模式，将边民互市贸易全链条交易、结算纳入规范管理，指导银行使用相关系统开展合规、高效、便捷的跨境结算。

4. 不断扩大中越银行边境贸易结算服务主体

因越南银行未使用人民币跨境支付系统，中越双边本币结算合作以中越银行双边本币代理结算模式为主。即中越银行通过签订边贸结算代理协议，相互开立人民币/越南盾同业往来账户作为清算账户，中方银行搭建边贸网银系统收发双边本币的支付指令报文，以此完成边境贸易的双边本币收付。如边民互市贸易进口付款，中方银行按照边民申请，在越方银行的人民币同业往来账户存入需支付的人民币，

并通知越方银行，越方银行按约定汇率，在中方银行的越南盾同业往来账户存入等值的越南盾，并将越南盾支付给越南出口商，以此完成结算。目前，崇左市已有 11 家银行与越南 13 家银行签订边贸结算代理协议，越南银行开立人民币同业往来账户 61 户，中越银行货币合作不断深化。

5. 依托贸易结算互联互通系统，搭建跨境结算"高速路"

为消除边民互市贸易手工录入信息易出错，纸质单证人工审核数量庞大、管理和查阅困难，以及结算信息容易重复生成和使用，一单多结和超额结算等业务痛点，崇左市分行积极配合人民银行广西分行建设打造广西边境口岸互市贸易结算互联互通信息平台，平台立足于"一个核验渠道，一个监管平台"的标准，将功能性接口拓展为一个数据交换和可视化的信息服务平台，实现跨境贸易、跨境结算、海关申报、国内贸易等环节串联。崇左市分行根据辖区边民互市贸易特点，依托大数据平台设计符合辖区实际情况的线上结算流程方案，便利辖区银行线上开展业务背景真实性审核，切实防范结算信息重复生成和使用的一单多结问题，为边民提供高效、便捷的跨境结算服务。依托该系统实现对边民互市贸易全流程多环节的联合监管，形成可监管可溯源的"业务流、资金流和信息流"的三流合一，通过大数据赋能，提升银行真实性审核效率。

（三）取得的成效

1. 中越边境贸易、双边本币结算快速增长

2023 年，崇左对越南进出口总额 1695.3 亿元，同比增长 31.9%；崇左跨境人民币结算规模 191.2 亿元，同比增长 114.2%，结算总量位居广西第三。

2. 监管更高效，线上跨境结算更便利、更规范

"一平台三市场"整合边民互市贸易三个市场交易数据。结合这一

特点，推行"互联网+线上互市"结算模式，将边民互市贸易国内销售结算也纳入监管范畴，解决了边民互市贸易中边民跟谁买、卖给谁，以及资金从哪里来和汇到哪里去的监管难题，可大幅降低地下钱庄利用边民互市贸易跨境转移资金的风险。实现边民互市贸易线上化、流程合规化运行，跨境结算更便利、更规范。

3. 银行贸易真实性审核及结算效率大幅提升

依托广西边境口岸互市贸易结算互联互通信息平台，打破贸易信息不对称壁垒，便利银行开展贸易真实性和一致性审核，降低银行结算风险，大幅提高结算效率。同时，实现监管部门数字化监测和高效管理，及时把控风险，提升金融服务效率与监管水平。

4. 做市商报价竞争力强，结算回流银行体系

试运行以来，做市商报价较轮值报价高 2～10 个盾不等，做市商报价具有明显优势，起到了较好的示范引导作用。2023 年崇左市分行对客卖出越南盾折合人民币 28.94 亿元，同比增长了 206.57%；边民互市贸易结算金额占贸易额的比重达 46.12%，同比提高了 17.00 个百分点。

二　创新点

（一）全国首创银行人民币对越南盾汇率直接报价机制

在广西、云南中越边贸结算地区，首次实施银行做市商报价，创新推行转汇模式的银行间越南盾清算模式，实现银行柜台对客汇率与银行间市场汇率联动，完善人民币对越南盾汇率形成机制，满足双边贸易、投资对人民币对越南盾官方汇率直接报价的需求。立足广西、面向全国发布人民币对越南盾汇率的"广西价格"，逐步形成规模效应和渠道优势，树立金融服务中越经贸合作的新标杆。

（二）创新"互联网+线上互市"结算模式

依托广西边民互市贸易"一平台三市场"，利用边民互市贸易线上公共服务平台完整的交易信息，包括贸易订单、海关申报、跨境结算、税务缴纳等全链条、全流程信息数据，将边民互市贸易资金来源纳入监测范畴，实现边民互市贸易资金穿透到底的监管。"互联网+线上互市"结算模式帮助边民突破自身文化、经济、贸易能力局限性，线上自主完成边民互市贸易境外采购、报关、结算、境内交易等流程，确保边民交易自主、债权转移清晰、资金支付合规、流程规范便捷、管理严谨有效。形成三个市场高效协同、安全合规的境内外结算和金融服务体系。

三　应用价值

（一）完善中越双边汇率定价机制，推动人民币面向东盟的区域化使用

以做市商报价竞争力强的优势，推动银行间开展越南盾交易，形成交易规模越大，报价优势越强的良性循环，为广西对外发布人民币对越南盾价格指数奠定坚实基础，为中越经贸往来提供便捷高效、低成本的双边本币结算渠道。未来可为国内对越贸易提供低成本的广西双边本币结算渠道，减少汇率波动风险，推动人民币面向东盟的区域化使用。

（二）破解边民互市贸易发展困境，助推边境贸易可持续发展

"互联网+线上互市"结算模式可实现边民互市贸易结算可视化、可溯源、可监控，为边民互市贸易提供交易真实性、安全性的服务保障。未来这一模式可运用推广至"互联网+线上边境小额贸易"，将国内边境小额贸易供货商、出口代理人与越南采购商的国内采购、代理出

口、跨境结算全链条串联起来，为跨境贸易主体提供安全、高效、便捷的跨境结算服务，破解边境小额贸易代理结算率低难题。

本文组织编写团队：中国人民银行崇左市分行

执笔人：李政、黄春、赵金彦

推出基于数字化技术的农业信贷担保系统助力"三农"金融创新

中国农业银行股份有限公司广西壮族自治区分行和广西农业信贷融资担保有限公司利用扎根"三农"布局优势和技术优势，以助力广西"三农"发展的惠农贷款为切入点，合作推出了基于数字化技术的农业信贷担保系统及"乡村振兴快贷保"模式。该系统及模式以"大数据+人工智能"技术为基础，采用双方系统直联的方式，优化贷款业务运作，使广大农户可以方便、快捷地获得更高额度、更低成本的融资服务。

一　案例简介

（一）背景情况

广西壮族自治区是西南边陲的人口大省和农业大省，根据国家数据，广西糖业、水果业、养殖渔业在全国各省份中排名前列，2023年广西糖料产量为7223.21万吨，占全国的64.28%，水果产量为3553.21万吨，位居全国第一，水产品总量377万吨，位居全国第八、西部第一，农业经济在广西经济发展中占据举足轻重的地位。种植、养殖业具有生产周期长、生产成本高、市场价格波动大等特点，为了提高抗风险能力、扩大生产规模、提高种植养殖技术，农户对资金有强烈需求。

中国农业银行股份有限公司广西壮族自治区分行深耕县域，精准有力服务"三农"。中国农业银行股份有限公司广西壮族自治区分行立足"三农"主力行定位，聚焦乡村振兴"产、水、地、城、乡、人、能"七大领域，优先增加县域"三农"金融供给，2023年12月末，县域贷款余额2442.86亿元，比年初增加450.15亿元；涉农贷款余额1837.07亿元，比年初增加272.09亿元，增速17.39%；乡村产业、粮食重点领域、乡村建设、新型农业经营主体贷款分别比年初增加63.13亿元、13.45亿元、207.36亿元、183.50亿元，增速均高于全行平均；积极支持"万企兴万村"行动，累计向471家下乡民营企业投放贷款161亿元；创新推出"林权收购贷款""林权流转合同鉴证凭证贷款"等4款涉林产品；在全区上线惠民惠农财政补贴资金"一卡通"系统，推动54个县取得代发资格；大力推广"信息建档+线上办贷"作业模式，农户贷款余额233.19亿元，比年初增加49.79亿元。

近年来国家大力推行惠农贷款，但农民用贷仍然存在贷款担保业务办理效率低下等问题，如贷款担保手续操作流程长、人工环节多、线下递送材料效率低、操作风险多，这些问题导致农户、中国农业银行股份有限公司广西壮族自治区分行、广西农业信贷融资担保有限公司三方利益受损：农户无法方便快捷地获得资金，贷款积极性不高，影响了农户产业做大做强；中国农业银行股份有限公司广西壮族自治区分行大量业务难以及时获得担保，无法分摊资金损失的风险，也难以提高农户单笔贷款额度；广西农业信贷融资担保有限公司的人力无法逐笔到边远乡村进行现场调查核实，业务无法铺开，难以完成任务目标。

为了解决惠农贷款发放难、发放慢等问题，中国农业银行股份有限公司广西壮族自治区分行与广西农业信贷融资担保有限公司始终牢记为广大农户提供高效优质的融资服务的初心，携手打通惠农贷款各环节堵点，推出基于数字化技术的农业信贷担保系统及"乡村振兴快贷保"模式，贯彻落实国家乡村振兴发展政策，推动农业、农村和农民全面发展。

2023 年，中国农业银行股份有限公司广西壮族自治区分行与广西农业信贷融资担保有限公司共同推出广西区内首个银担直连系统并将其推广到全区。

该系统搭建起农户、中国农业银行股份有限公司广西壮族自治区分行与广西农业信贷融资担保有限公司之间的信任桥梁，通过整合银行与公司之间的系统，使二者之间的数据智联共享，以数据驱动全流程，实现客户办贷最多跑一次，最快一天可以完成贷款担保审批。真正实现"数据多跑路，人员少跑腿"。

通过该系统，中国农业银行股份有限公司广西壮族自治区分行"点多面广，扎根'三农'"的优势得到充分发挥，由银行的网点人员上门对农户经营情况、家庭情况进行核实，并将农户信用信息上传系统，推送至广西农业信贷融资担保有限公司进行审核，决定是否提供担保以及担保额度，解决了农户申请贷款难、广西农业信贷融资担保有限公司核实情况难的问题。同时广西农业信贷融资担保有限公司与中国农业银行股份有限公司广西壮族自治区分行签订协议，同意承担连带保证责任。通过集中担保模式，平衡了双方风险责任，同时可以降低担保费率，消除了银行放贷的痛点。

（二）主要做法

1. 以农户建档数据为驱动，通过系统直连提升效率

一是采用"农户建档"模式，充分发挥中国农业银行股份有限公司广西壮族自治区分行"点多面广，扎根'三农'"的优势。由银行客户经理携带移动 PAD 上门，在获得客户授权后，收集客户种植情况、养殖情况、经营情况、家庭情况、收入补贴情况等信息，为农户进行建档。在此过程中，充分了解客户资金需求、偿还能力。广西农业信贷融资担保有限公司通过银行采集的翔实数据，即可进行人工或数据模型审批，决定是否提供担保以及担保额度。广西农业信贷融资担保有限公司

采用快捷受理方式，逐笔通过现场调查和非现场调查结合的方式，对关注业务做重点调查，极大地提高了办贷和担保效率，节约大量成本。二是采用"系统直连"的数据共享模式，通过整合双方系统，实现了申请数据、附件资料、保函等信息的线上传递，在降低信息泄露风险的同时，极大地提高处理效率。三是实现了贷款贷后管理、对账管理和代偿处理，提高资金安全水平，确保赔付资金及时到位。

2. 以客户为中心，创新业务模式

一是创新批量模式。中国农业银行股份有限公司广西壮族自治区分行以贷款风险审查为主，广西农业信贷融资担保有限公司以政策合规性审查为主，针对有经验、有技术、有信用、有现金流的新型农业经营主体、地方特色产业群体实行批量调查、批量线上审批、批量担保、批量放贷。二是创新集中担保模式。通过签订协议，广西农业信贷融资担保有限公司对协议下贷款，按比例承担连带保证责任，其余由银行自行承担，不再逐笔签订保证合同。在不超过限额前，如果贷款发生损失，广西农业信贷融资担保有限公司可全额代偿。通过集中担保模式，平衡了双方风险责任。三是精心设计利率优惠产品。贷款可享受担保公司费率优惠政策，且银行安排为期两年的专项经费，用于支付该模式项下产生的担保费，进一步降低了贷款客户融资成本，解决"融资贵"的问题。

3. 突破性应用新兴技术，打造安全高效应用平台

一是创新将 OCR、电子协议签署、人脸识别、电子签名等新兴技术用于客户身份认证、抗抵赖、授权等业务环节，实现业务办理智能化自动化，为客户提供定制产品体验，有效降低人为干预风险，从技术层面大大降低了银行与公司合作业务的法律风险，保持合作业务竞争优势，为银行后续同类业务开展奠定技术基础。二是平台服务融合，项目通过 BFC（分行金融服务平台）、ICC（外联服务平台）、AIR（分布式应用互联平台）、APOLLO（个人网贷平台）、USIGN（电子签章平台）、UEP（统一加密平台）、手机掌银平台、移动 PAD 超级工作台、开放银

行等多系统的跨平台深度整合，提供安全、可靠、规范、高效的技术支撑。实现了从农户数据采集建档、担保业务发起、资料传递、审批、费用结算、担保书出具、客户自助循环用款还款等全流程数字化。三是确定统一技术标准，使用"开源+自研"方式，根据业务需求执行定制的技术方案，实现平台操作系统、中间件、数据库、开发技术栈自主可控，确保数据安全和网络安全。

（三）取得的成效

一是创新构建区内首个银担直连系统。将银行新型电子渠道和农业信贷担保政策有机结合，实现申请、尽调、审批、银行放款、客户用信的全流程线上化操作，同步解决了审批效率低、银担对账难、材料传输繁等问题，真正打通了银担合作壁垒，大幅提升了金融服务效率，为银担双方合作提供了全新支撑，标志着政策性农业信贷担保工作迈入数字信息化新阶段。该系统于 2022 年 10 月在广西梧州市试点，2023 年被推广到全区。

二是创新实现业务全流程线上化、数字化。为落实总行数字化转型工作，加快推进"业务线上化、服务便利化、营销精准化、风控智能化、管理数字化"水平全面提升，中国农业银行股份有限公司广西壮族自治区分行将农户担保贷款所涉及的数据、材料，由过去线下层层联系报送改为系统线上传输，实现了电子采集、电子签章、电子保函。审批流程优化只需要贷款主体跑 1 次、广西农业信贷融资担保有限公司基本不用跑。对小额类担保业务，实现了银行发起后即时审批—1 天内担保公司完成出函—银行立即放款。

三是业务规模和效率取得突破性进展。系统上线前，中国农业银行股份有限公司广西壮族自治区分行和广西农业信贷融资担保有限公司每年只能办理 500 笔左右惠农贷款担保业务。系统上线后，仅 2023 年，就处理了 1.14 万笔惠农贷款担保业务，共授信 19.8 亿元，循环用信

24.4 亿元。同时，担保贷款申请和审批时限得到了极大程度上的缩短，业务办理效率取得突破性提升。

二　创新点

（一）创新乡村振兴金融服务模式

中国农业银行股份有限公司广西壮族自治区分行与广西农业信贷融资担保有限公司共建首个政策性银担直连系统，是落实 2022 年中央一号文件"强化乡村振兴金融服务"要求，以及发展普惠金融、服务"三农"发展的又一重要举措。双方以银担直连系统为纽带，进一步深化合作，共同畅通"三农"金融服务"最后一公里"，撬动更多成本低、服务优、效率高的金融资源灌溉农业发展。

（二）创建新型金融服务平台，提升金融服务效率

银担直连系统通过将银行新型电子渠道和农业信贷担保政策有机结合，实现了客户建档、项目尽调线上化。同时强化了客户信息安全管理。银担直连系统通过架设专线对接，防范了纸质资料传递信息外泄风险，有效保护了"三农"客户的个人信息安全。通过加强科技和数据赋能，不断优化合作场景、完善风险管理策略、简化业务流程，以提供更加便捷、高效的金融服务。

（三）产品创新，为融资减负担

中国农业银行股份有限公司广西壮族自治区分行加强银担联动，推进农户贷款和"快贷保"融合发展，积极扩大银担合作业务规模，充分发挥政策性担保机制的风险缓释作用，有效拓宽了融资渠道。对乡村振兴重点帮扶县发放的"富民贷"，由广西农业信贷融资担保有限公司

提供增信支持的，中国农业银行股份有限公司广西壮族自治区分行全额承担担保增信费用，降低农户融资成本，有效解决农户融资贵的问题，为助力乡村振兴贡献银行力量。

（四）机制创新，为发展添动力

中国农业银行股份有限公司广西壮族自治区分行还将农担合作贷款发放量纳入绩效考核当中，其中将各支行与农担合作笔数、金额两项指标作为考核项，总结形成银担协同的长效机制，进一步推动银担合作向纵深发展，有效解决了广西农业信贷融资担保有限公司获取经营主体来源渠道单一、数量不多和质量参差不齐等问题。通过新机制的建立，进一步完善了合作模式，扩大了合作范围，提升了合作水平，充分发挥了政策性担保的桥梁和撬动作用。同时通过银担合作强化了信贷风险管控，促进了财政金融合力支持农业稳健发展。

三 应用价值

一是实现以线上化、批量化方式拓展农户，提升贷款投放效率，增加贷款收入。系统投产前，因农户贷款小额、分散，中国农业银行股份有限公司广西壮族自治区分行申请担保和广西农业信贷融资担保有限公司审核均采用人工线下方式，效率低下，人力成本较高。系统上线前，广西农业信贷融资担保有限公司担保中国农业银行股份有限公司广西壮族自治区分行农户贷款余额为 5.62 亿元。自系统投产后，共通过该系统推送农户担保贷款 1.3 万多笔，其中广西农业信贷融资担保有限公司同意担保 6000 多笔，新增贷款授信金额共计约 19.8 亿元，对推动银行惠农贷款业务保质上量发挥了较大作用。

二是通过掌银缴费、用信场景搭建，提升新增掌银注册客户数和活跃度。同时，后续可营销线上开户、结算、融资、理财等服务，提高金融产品渗透率，提升客户综合收益。

三是通过搭建银担合作支农场景，拓展与广西农业信贷融资担保有限公司合作的深度和广度，提升农担贷款知名度和美誉度。为广大农户提供了便捷的融资服务，有力地支持了广西"三农"经济发展。

本文组织编写团队：中国农业银行股份有限公司

广西壮族自治区分行

广西农业信贷融资担保有限公司

执笔人：陈亮、覃振威、韦惠宁

II 优秀案例

"中央金融企业+地方国企"合作模式创新提升保险资金服务实体经济效率

2023 年 12 月,国寿投资保险资产管理有限公司(以下简称"国寿投资公司")发起设立"国寿投资—新桂股权投资计划",与广西能源集团有限公司(以下简称"广西能源集团")、全国社会保障基金理事会(以下简称"社保基金")共同投资 GN 基金,基金投资于 F 公司,实现广西能源集团的存量资产盘活。

该项目以广西能源集团旗下存量优质电力资产为标的,盘活存量资产,扩大有效投资,支持清洁低碳能源建设,践行绿色投资理念。国寿投资公司与广西能源集团在项目落地过程中共同攻坚克难,充分发挥各自优势。项目的成功落地为广西重点国有企业提供权益资金支持,助力企业形成存量资产和新增投资的良性循环,切实支持广西实体经济高质量发展。

一 案例简介

(一)背景情况

2018 年 12 月,经国务院同意,中国人民银行等 13 部委联合印发了《广西壮族自治区建设面向东盟的金融开放门户总体方案》，这标志着广西建设面向东盟的金融开放门户进入实施阶段。该方案的出台是在新的历史条件下广西全面贯彻党的十九大和十九届二中、三中全会精神以及全国金融工作会议要求的重要举措。2020年6月，广西壮族自治区人民政府印发《加快建设面向东盟的金融开放门户若干措施》，在更深层次、更宽领域，以更大力度推进广西金融供给侧结构性改革和对外开放合作，加快建设面向东盟的金融开放门户。在推动区域重大金融改革、鼓励金融支持实体经济发展等方面提出了具体支持措施，包括支持绿色金融改革创新试点、鼓励企业引进保险资金等。

国寿投资保险资产管理有限公司成立于2007年，是中国人寿旗下的专业另类投资平台。国寿投资公司坚决贯彻落实党中央决策部署，服务国家发展大局，坚持"服务国家战略、服务实体经济、服务社会民生"，充分发挥保险资金在长期投资、价值投资、稳健投资上的核心优势，全面布局基础设施、不动产、股权、普惠金融、特殊机会等另类投资细分领域，始终践行政治性、人民性，不断提升专业性，积极将高质量发展融入党和国家事业发展全局，为全面建设社会主义现代化国家贡献力量。截至2023年末，国寿投资公司累计签约规模超8000亿元，管理资产规模超5000亿元，新增划款规模超1100亿元，连续5年正增长。其已成为国内首家专注另类投资的大型保险资管公司，持续领跑国内另类投资行业。

国寿金石资产管理有限公司（以下简称"国寿金石"）是国寿投资公司的全资子公司，具有基金业协会和保险资管协会双重管理人牌照。国寿金石聚焦于普惠金融、特殊机会以及基础设施投资，累计发起13只基金，规模约560亿元，已退出基金加权平均收益率超过30%。管理规模中，第三方资金超过145亿元，国寿金石积累了丰富的基金管理经验，忠实履行受托责任，为投资人提供投资及基金管理服务。

中国人寿长期以来高度重视在桂投资业务，积极支持广西企业发展及社会经济建设。截至 2023 年末，国寿投资公司在桂管理规模 186.39 亿元，签约规模 246.70 亿元。国寿投资公司连续 3 年荣获广西壮族自治区人民政府的保险资金运用奖励，以创新型投资模式共同探索"险资入桂"路径，积极发挥先行先试和示范带动作用，形成可复制、可推广的经验。

2022 年 5 月，国务院办公厅发布《关于进一步盘活存量资产扩大有效投资的意见》，指出要聚焦盘活存量资产重点领域扩大有效投资，包括盘活存量规模较大、当前收益较好或增长潜力较大的基础设施项目资产。广西投资集团有限公司（以下简称"广西投资集团"）作为广西壮族自治区首家"世界 500 强"企业，担当广西战略投资重任，对推动广西传统产业转型升级，培育发展新兴产业，推进实体经济高质量发展发挥重要作用。广西能源集团是广西投资集团旗下专业从事能源产业投资、建设、运营、管理的平台，是广西重要的能源支柱企业。国寿投资公司以部分项目为契机，助力广西能源集团盘活优质存量资产，并将在此基础上继续深化与广西投资集团等广西企业的务实合作，充分发挥中国人寿优势，创造互利共赢新局面，树立产融合作新典范。

（二）主要做法

2023 年 12 月，国寿投资公司发起设立"国寿投资—新桂股权投资计划"，与广西能源集团、社保基金共同投资 GN 基金。

GN 基金成立于 2023 年 12 月 7 日，注册地址为南宁市国凯大道东 19 号金凯工业园南区标准厂房总部经济大楼 13 层 1315～1326 号房。基金由国寿金石担任管理人，基金投资策略为投资 F 公司的股权，盘活广西能源集团优质存量资产。

基金认缴规模为人民币 100.02 亿元。其中，广西广投鼎新引导基金运营有限责任公司作为普通合伙人 GP1，广州金宏资产管理有限公司作为普通合伙人 GP2，广西能源集团作为基金有限合伙人 LP1，国寿投资公司（代表"国寿投资—新桂股权投资计划"）作为基金有限合伙人LP2，社保基金作为基金有限合伙人LP3。

（三）取得的成效

该项目以广西能源集团旗下存量优质电力资产作为投资标的，有效盘活存量资产，扩大有效投资，为广西重点国有企业提供权益资金支持，助力企业形成存量资产和新增投资的良性循环，切实支持广西实体经济高质量发展。该项目成功落地体现了国寿投资公司落实党中央决策部署，支持实体经济发展，响应"支持现代产业体系发展"的战略号召。

该项目全部投资于广西壮族自治区辖内，助力地区经济发展，保障地方能源安全，支持清洁低碳能源建设。根据广西壮族自治区人民政府办公厅于2022年1月印发的《广西北部湾经济区高质量发展"十四五"规划》，"十四五"时期要强化清洁低碳能源基础设施建设，大力发展清洁低碳能源。以海上风电、核电、陆上风电、光伏发电、生物质发电、清洁煤电、气电为重点，布局一批沿海清洁电源。该项目的落地体现了国寿投资公司积极响应国家西部大开发以及建设北部湾经济区战略部署，推动基础设施高质量发展，为建强建优广西北部湾经济区、推进经济社会高质量发展提供支撑。

二　创新点

（一）该项目引入社保基金，是社保基金与国寿投资公司携手在广西落地的首个项目

项目投资标的——高效、清洁的能源电力资产，在推动我国能源结构转型中具有重要作用，社保基金坚决贯彻落实党中央、国务院决策部

署,积极支持我国清洁低碳能源产业发展,该项目的成功落地,进一步加强了合作,发挥了社保基金作为长期稳定资金来源的作用,推动了广西高质量发展。

该项目是国寿投资公司与社保基金合作落地的首个项目,国寿投资公司通过该项目与社保基金搭建起沟通的桥梁,为合作建立良好的开端和基础。国寿投资公司在存量资产盘活业务方面经验丰富,已落地多单业务,均为投资人实现了较好的投资收益。国寿投资公司充分发挥投资能力和优势,积极探索和深化"中央金融企业+地方国企"的合作模式,做好社保基金与广西国企之间的纽带,不断创新投资方式,扩大投资范围,增加投资规模。

(二)落实国家"双碳"战略,把握绿色投资机遇

该项目投资标的具备碳排放低、技术成熟、稳定性强、利用率高等优势,为国家电力供应提供稳定保障,有助于增强电网运行的稳定性。2020 年 12 月 12 日,习近平在气候雄心峰会上的讲话中提出,到 2030年,中国单位国内生产总值二氧化碳排放将比 2005 年下降 65% 以上,非化石能源占一次能源消费比重将达到 25% 左右。[①] 为此,国家通过制定电力发展等规划,努力推进构建清洁低碳、安全高效的能源体系。发展清洁低碳能源是我国 2030 年前实现碳达峰、2060 年前实现碳中和的重要手段。目前,投资标的所属能源类别发电量在我国能源结构中的占比较低,具有广阔的增长空间。

该项目底层资产为优质电力资产,基金所投项目全部建成投产后将在每个年度周期助力减少标准煤消耗约 950 万吨,减少二氧化碳排放约2600 万吨,环保效益相当于新增 7 万公顷森林,对助力广西沿海地区

[①] 《习近平在气候雄心峰会上的讲话(全文)》,中国政府网,2020 年 12 月 13 日,https://www.gov.cn/xinwen/2020-12/13/content_ 5569138. htm。

生态环境保护、实现"碳达峰、碳中和"目标具有重大意义，体现了中国人寿与广西投资集团共同践行绿色投资理念，共同促进经济社会高质量发展的坚定信念。该项目落地后，《人民日报》也多次提及项目在布局绿色金融服务低碳转型中发挥的积极作用。

（三）支持区域协调发展，服务国家重大战略

广西地区具有独特的区位优势、开放优势，是西部大开发战略涉及的重点省份之一、"海上丝绸之路"的重要节点、构建国内国际双循环的重要节点枢纽。

该项目落地有利于响应自治区"一区两地一园一通道"建设的战略部署，进一步加深与广西优质客户的合作互信，同时中国人寿和社保基金的参与将有效提振社会各方面对广西地区投资的信心，同时为西部地区产业高质量发展提供助力。

该项目是在当前经济环境下，开拓出的以强资产类固收投资逻辑为基础的预期分红型权益投资模式，为地方企业融资提供了新思路。

（四）引入险资稳定企业杠杆，推动国有资本做大做强做优

广西投资集团作为广西首家"世界500强"的本土企业，肩负着广西壮族自治区重大战略投资任务。该项目通过盘活广西投资集团的存量资产，实现社保基金、中央金融企业、地方国企有效协同，投资坚持政府引导、市场化运作、多方联动、创新引领，丰富了保险资金运用的方式和渠道，扩大权益类投资，因地制宜推进"险资入桂"，有效降低企业杠杆率，推动广西能源集团传统能源产业转型升级，促进新能源产业的培育发展，为推动国有资本做大做强做优，增强区域经济发展韧性，以及实现地方国企高质量发展增添新动力。

整体方案巧设项目架构，实现预期目标。通过设立并表型基金的方

式，以存量规模较大、收益较好、增长潜力较大的优质能源资产作为底层标的引入中长期权益性资金，通过合理设计基金决策机制和合作方案治理架构的方式，在不影响优质资产日常运营和管理模式的前提下，实现充分盘活存量资产和压降资产负债率的双重目的。

三　应用价值

（一）落实国家重大战略，提升保险资金服务实体经济效率

该项目体现了中国人寿以实际行动贯彻落实国家重大战略，支持实体经济建设，支持区域协调发展、西部大开发战略，支持清洁低碳能源建设，助力高质量发展，积极贯彻落实中央经济工作会议精神，创新投资模式，形成可复制、可推广的经验，提升保险资金服务实体经济效率。

（二）投资标的优质，助力地方重要企业盘活优质资源

广西能源集团是广西最大的地方发电企业。该项目投资标的经营状况良好，现金流稳定，整体风险可控。该项目已形成完善的风险防范机制。标的资产历史分红情况良好，对投资人的期间分红形成良好保障。

（三）贯彻落实中国人寿综合金融协同发展战略，促成综合金融合作

为贯彻落实中国人寿综合金融协同发展战略，以"一个客户、一个国寿"的理念服务客户，国寿投资公司努力促成综合金融合作。中国人寿与广西投资集团能力互补、产业互补、优势互补，中国人寿发挥保险、投资、银行综合金融优势，与广西投资集团加强全面战略合作。下一步，双方将在战略性新兴产业、新能源投资、绿色金融、财产保

险、员工福利保险等方面发挥各自优势，加大合作力度，共同服务广西经济社会发展大局。

本文组织编写团队：国寿投资保险资产管理有限公司

广西能源集团有限公司

执笔人：刘莎、潘登、程雷

全国首笔"碳减排支持工具+可持续发展挂钩+数字人民币"贷款服务新质生产力发展

绿色金融是实现"碳达峰、碳中和"目标、经济高质量发展的关键动力，不仅能够满足生态文明建设需求，也是保障新质生产力可持续发展的重要条件。数字金融借助数字人民币支付和数字信贷的创新，提升了金融服务效率，为新质生产力注入了科技活力，有力推动金融行业实现数字化转型。中国邮政储蓄银行广西壮族自治区分行通过产品创新、模式创新和场景创新，创造性地将绿色金融和数字人民币结合起来，于 2023 年 4 月在南宁成功落地了全国首笔"碳减排支持工具+可持续发展挂钩+数字人民币"贷款。这一创新实践不仅让企业享受到利率优惠和数字人民币放款的便捷，还进一步提升了企业可持续发展能力，为区内金融机构在可持续金融领域的合作奠定了坚实基础，为可持续金融领域探索了一条可复制、可推广的道路，展现了绿色金融和数字金融在广西建设面向东盟的金融开放门户中的示范作用。

一　案例简介

（一）背景情况

《广西壮族自治区建设面向东盟的金融开放门户总体方案》和《广西建设面向东盟的金融开放门户五年实施规划（2019—2023 年）》

提出支持广西开展绿色金融改革创新试点，深化绿色金融体制机制改革，构建完善绿色金融体系。同时南宁市于 2022 年底正式成为数字人民币试点地区，这标志着广西在建设面向东盟的金融开放门户方面迈出了重要步伐，有力促进了中国—东盟跨境产业融合发展合作区建设。中国邮政储蓄银行广西壮族自治区分行紧跟党中央提出的"双碳"政策导向及其做出的"数字中国"战略部署，将绿色金融创新和数字人民币试点工作巧妙结合，灵活运用数字人民币、碳减排支持工具等创新产品更好地服务广西企业，助力企业结构转型、实现高质量发展。

（二）主要做法

1. 借助经验，筛选获得碳减排支持工具资金企业

2021 年 11 月 8 日，中国人民银行推出碳减排支持工具，对金融机构向碳减排重点领域内相关企业发放的符合条件的碳减排贷款，按照贷款本金的 60% 提供资金支持，利率为 1.75%。中国人民银行碳减排支持工具的具体操作采取"先贷后借"的直达机制，先由金融机构向碳减排重点领域内相关企业发放符合条件的碳减排贷款，再由中国人民银行对其贷款本金提供资金支持。该项机制需要金融机构筛选符合要求的项目，中国邮政储蓄银行广西壮族自治区分行在以碳减排支持工具产品服务区内电力企业过程中积累了丰富的经验，为筛选当年新合作能源企业项目执行优惠利率奠定了较好的基础。

2. 响应试点，巧妙运用数字人民币放款

2022 年 12 月，经国务院批准，广西南宁市、防城港市正式成为数字人民币的试点地区。在南宁市，数字人民币试点推进涵盖商圈零售、智慧食堂、智慧出行、智慧园区、智慧医疗及智慧政务等九大类应用场景。中国邮政储蓄银行广西壮族自治区分行迅速响应国家关于数字人民币发展的政策，在总行于 2023 年 4 月中旬推出公司数字人民币贷款功能之际，迅速响应、积极行动，为参与交易的付款和收款企业开立了数

字人民币账户,并以数字人民币形式向企业的对公钱包发放贷款。此举为广西对数字人民币应用场景的构建注入了新的活力。

3. 创新模式,运用可持续发展挂钩机制促使企业增产提效

发展可持续金融是商业银行响应国家政策、履行社会责任、推动可持续发展的重要举措,这不仅是商业银行的责任担当,也是其把握政策与市场机遇、促进绿色转型、实现业务可持续经营的内在需求。中国邮政储蓄银行广西壮族自治区分行结合当地产业特色,将贷款利率与融资主体预设的可持续发展绩效目标挂钩,若该企业在约定期限内的可再生能源发电新增装机容量达到双方约定目标,则企业可在贷款期限内持续享受优惠利率,以此激励企业主动减排降碳、实现绿色转型发展。

4. 立足广西,积极吸收国内外 ESG 先进经验

特许金融分析师协会(CFA Institute)作为可持续投资能力建设联盟(CASI)创始机构,在全球范围内的低碳转型,以及环境、社会和公司治理(ESG)金融领域拥有领先的国际经验。中国邮政储蓄银行广西壮族自治区分行该笔创新业务主创团队成员持有 CFA、金融风险管理师(FRM)证书,2023 年出席了 CFA 协会在成都举办的第一届中西部 ESG 金融人才与产业发展大会,也参加了中国人民银行下设中国金融培训中心在苏州举办的专题培训班。通过参与上述活动,团队成员了解了国内外可持续金融先进理念,熟悉了国内外 ESG 理念及相关产品,为后续转变观念突破式发展业务奠定了良好的基础。

5. 加强沟通,与主管部门积极探讨业务方案

中国邮政储蓄银行广西壮族自治区分行日常加强与中国人民银行广西壮族自治区分行的沟通联系,主动参与中国人民银行广西壮族自治区分行举办的各类绿色金融论坛,积极与中国人民银行广西壮族自治区分行共同探讨金融市场上的业务创新机会。在该笔创新业务落地过程中,中国邮政储蓄银行广西壮族自治区分行多番寻求中国人民银行广西壮族自治区分行的支持与指导,在双方协同对业务可行性进行反复分析论证

的情况下，成功为专注于传统能源和新能源投资运营的广西北部湾投资集团能源有限公司办理了该笔创新业务。

（三）取得的成效

1. 提升银行产品创新能力

数字人民币在广西地区的试点工作尚处于初期阶段，而在广西开展的公司数字人民币贷款放款业务，对于中国邮政储蓄银行全国系统而言，同样是一项全新的尝试。此外，结合碳减排支持工具等金融产品开展业务无疑需要具备专业的业务技能和较高的组织协调能力。在推进该笔业务的过程中，中国邮政储蓄银行广西壮族自治区分行在与相关监管部门建立了顺畅沟通机制的基础上，开展了尽可能详尽的业务可行性分析，这些都为支持广西区内企业实现低碳转型，以及与广西区内金融机构在绿色金融领域的合作，积累了宝贵的经验。

2. 加强企业节能减排

广西北部湾投资集团能源有限公司在项目建设期内获得中国邮政储蓄银行广西壮族自治区分行的资金支持，该笔贷款用于总装机容量8.48MW的分布式光伏发电项目（见下图），估算该项目年均发电量

中国邮政储蓄银行广西壮族自治区分行支持的分布式光伏发电项目现场图

资料来源：中国邮政储蓄银行广西壮族自治区分行、广西北部湾投资集团能源有限公司提供。

807.79万kWh，与目前的燃煤火电厂相比，每年可节约标准煤2463.75吨，减少二氧化碳排放8053.64吨，节能降耗及环境效益显著。

3. 支持地方绿色转型

"双碳"目标为地方绿色转型提供了明确的指导原则，但鉴于各地区经济发展水平和能源结构的差异，转型的时间表和路线图亦相应地存在差异，在具体实施过程中，应将环境成本效益和金融紧密结合，通过绿色金融产品和手段，促进企业降低成本、提高效率、节能减排，进而推动地方经济转型升级。《广西壮族自治区人民政府办公厅关于加快发展"五个金融"的实施意见》（桂政办发〔2022〕65号）"鼓励银行保险机构不断丰富绿色金融产品体系，为绿色低碳项目提供长期限、低成本的融资资金。推进广西传统优势产业领域的绿色信贷产品和服务创新，支持保险资金以股权、基金、债权等形式投资绿色项目"，"鼓励企业按照环境、社会和公司治理（ESG）行为准则'走出去'，与东盟国家开展投资合作"。中国邮政储蓄银行广西壮族自治区分行深化对国家和自治区绿色发展战略的理解，深入研究并推动创新金融产品，通过对中国人民银行碳减排支持工具等相关政策的理解，引导信贷资金向绿色低碳领域流动，进一步增强了金融支持绿色转型的适应性和灵活性，丰富了绿色金融服务业态，能够有效满足不同领域和不同企业在绿色转型过程中的特定金融需求，运用国际通行的ESG理念推进企业实现贷款目标，为地方绿色转型提供全面支持。

4. 提升广西金融机构社会形象

该笔业务不仅在集团及总行的平台上获得了广泛宣传，而且受到了中央财经大学绿色金融国际研究院、广西银行业协会、五象新区南宁自贸片区等的关注，在《证券时报》、中国经济网、新华网、《每日经济新闻》、《21世纪经济报道》、华声在线、腾讯新闻、新浪网、广西新闻网等全国性和地方性媒体上进行了广泛报道，显著加大了广西金融机构在绿色金融创新方面的宣传力度。此外，该业务还被收录于总行发布的《2023 年社会责任（环境、社会、管治）报告》中，在该报告的行长致辞部分，该业务被列为重点介绍的两笔业务之一，进一步凸显了其在中国邮政储蓄银行社会责任履行中的重要地位和影响力。

二　创新点

（一）运用可持续发展挂钩贷款机制，更高效利用碳减排支持工具资金

此次中国邮政储蓄银行广西壮族自治区分行落地的分布式光伏发电项目贷款业务可以获得中国人民银行碳减排支持工具资金支持。因此，中国邮政储蓄银行广西壮族自治区分行对该项目贷款执行优惠利率，贷款设定指标与可持续发展绩效目标挂钩，若融资人在约定期间内的可再生能源发电新增装机容量达到目标则利率不变，若未达到，则第 3 个计息年度执行利率上浮 5bp，以此激励企业通过采用先进技术及高效设备等方式主动促进碳减排，让企业在享受碳减排带来的优惠利率的同时，又能取得良好的环境与社会效益。

（二）开拓数字人民币应用场景，运用数字人民币特性确保资金使用合规并减少相关费用

该笔创新业务通过叠加数字人民币放款，企业及受托方、项目施工方均在中国邮政储蓄银行广西壮族自治区分行开立数字人民币对公钱包账户，通过数字人民币放款至借款企业并定向支付给项目施工方，减少资金被挪用风险，确保信贷资金闭环流转和贷款用途的真实可信；企业使用数字人民币进行后续支付结算不需要手续费、服务费，款项实时到账，降低企业资金成本、提高资金周转效率。

（三）产品理念的创新组合，旨在为企业提供"融资+融智"的全方位服务

该笔贷款深度融合国内外先进的 ESG 金融理念，将"融智"方案融入产品设计之中，通过从放款流程、贷款用途、资金使用目标三个方面对贷款流程进行集成优化，有效解决了客户在"融资"过程中遇到的难题。其中，该笔贷款采用了投资银行创新金融债券的理念，对贷款结构进行了创新性的叠加设计，企业的贷款利率与可持续发展目标紧密挂钩，以此激励企业积极履行其可持续发展的责任，同时采用数字人民币进行放款，有助于提升金融业务处理的便捷性。

三　应用价值

（一）深化南宁数字人民币应用场景

该笔创新业务为南宁市数字人民币试点开拓了有效的应用场景，为相关试点进一步深入发展积累了宝贵的经验。自贸试验区南宁片区及时吸取和总结了相关经验，在 2023 年 8 月出台的《中国（广西）自由贸易试验区南宁片区数字人民币试点工作实施方案》中明确提出，推动部分数字人民币运营机构以数字人民币形式发放融资款项。

（二）推动优化面向东盟的绿色金融创新体系

基于该笔创新业务的成功实践，中国邮政储蓄银行广西壮族自治区分行于 2024 年 1 月再次成功落地了全国首笔"ESG 贷款+保险"业务，并于 2024 年 3 月为东盟国家在华投资建设的制浆造纸企业发放 ESG 可持续发展挂钩贷款 5 亿元，上述业务成果分别在中国人民银行主管的《金融时报》、香港商报网进行了报道，同样受到了业界的广泛关注。

此外，该业务的先进理念亦激发了广西地区同业机构的创新动力，2024年4月兴业银行南宁分行为广西北海市合浦县太阳能发电企业发放碳减排挂钩贷款1亿元，落地广西首笔碳减排挂钩贷款。

（三）为区内金融机构开展绿色金融合作奠定基础

2024年1月落地的全国首笔"ESG贷款+保险"业务，是中国邮政储蓄银行广西壮族自治区分行与中国平安财产保险股份有限公司广西分公司在借鉴"碳减排支持工具+可持续发展挂钩+数字人民币"贷款业务经验的基础上的又一次绿色金融业务创新。后续，中国邮政储蓄银行广西壮族自治区分行将进一步加强与区内金融机构的合作，结合广西绿色产业发展需求，共同探索和开发更多符合绿色发展导向的金融产品，更好地服务广西产业体系绿色转型，为广西"绿水青山"保驾护航。

本文组织编写团队：中国邮政储蓄银行广西壮族自治区分行

执笔人：邓华恩、毛智磊

新基准利率债务保值助力跨境融资

为深入贯彻落实广西建设面向东盟的金融开放门户重大方略要求，中国银行广西壮族自治区分行胸怀"国之大者"，认真落实国家和自治区的部署要求，紧紧围绕《广西壮族自治区建设面向东盟的金融开放门户总体方案》赋予的九大方面任务，积极实践，大胆探索，推动金融外汇领域创新。在 2023 年 6 月 30 日 LIBOR 时代正式落下帷幕后，为帮助国内客户尽快熟悉国际新基准利率体系、在新环境下建立适合其债务管理需求的成本测算和决策机制，中国银行广西壮族自治区分行充分发挥外汇业务优势，积极探索国际新基准利率体系规则下金融交易产品的创新，成功叙做全国系统首笔挂钩 CME TERM SOFR 利率掉期（IRS）业务，以实际行动积极践行金融工作的政治性和人民性。

一　案例简介

（一）背景情况

2018 年，国务院批复广西建设面向东盟的金融开放门户。建设面向东盟的金融开放门户是国家赋予广西金融改革发展的历史使命和重大机遇。

20 世纪 80 年代，利率市场逐渐发展，利率衍生品开始普及，国际市场需要一个统一的利率标准用于实体和金融机构之间的各类交易。于是，英国银行家协会于 1986 年推出了 LIBOR。自推出至今，LIBOR 已发展成为全球最重要的基准利率之一。LIBOR 是金融市场广泛运用的短期利率基准指标之一，经常被引用于衍生工具、债券、贷款以及一系列存贷款工具的说明和定价之中，同时也可用作衡量市场对央行政策利率、货币市场流动性溢价等预期，以及金融环境承压时银行体系健康状况等的有效指标之一。

然而，2012 年 6 月 LIBOR 被监管机构发现报价操纵丑闻并被曝光，2005~2009 年，英国巴克莱银行的交易员与其他金融机构的交易员串通，并得到各机构 LIBOR 报价员的配合，通过抬升或者压低基础利率的报价使市场利率朝有利于各自交易的方向发展，且在 2008 年金融危机期间国际大型银行为向市场释放流动性宽松的信号，故意压低 LIBOR，已有多家金融机构深陷 LIBOR 操纵案之中，并被处以巨额罚款，全球监管对 LIBOR 违规的金融机构罚款已超过 100 亿美元。

LIBOR 操纵案及多家主要银行串通修改 LIBOR 牟利的丑闻，严重打击了金融市场对 LIBOR 的信心，使得 LIBOR 遭遇了"信任危机"，逐步失去了市场的流动性支持。随着金融业的发展，银行间拆借市场自身萎缩，回购市场兴起，LIBOR 已逐渐失去金融市场基准利率的代表性。2023 年 6 月 30 日，中国外汇交易中心发布《关于 LIBOR 终止后银行间外汇市场相关业务安排的通知》，LIBOR 时代正式落下帷幕。

LIBOR 退出后，为推动新旧基准利率平稳更替，美元采用的新基准利率选定为 SOFR。SOFR 是以美国三大国债回购交易市场的交易数据为基础，取中位数交易量所对应的利率指标，是真实交易的数据，能反映金融市场真实资金需求，且具备良好的市场基础，是替代 LIBOR 的较好选择。

但是推行新的基准利率，难免会影响到众多涉外客户的业务习惯。首先相对 LIBOR，SOFR 波动范围较大，特别是在月末或者季末等资金面紧张时点会出现较大波动，不利于金融产品的定价。其次需要绘制新的收益率曲线。由于 SOFR 仅是隔夜利率，要想彻底取代 LIBOR 还需进一步完善利率期限，绘制合理的收益率曲线。目前来看，主要的方法是基于活跃交易的期货和其他衍生品（隔夜 IRS、基差互换等），但这些衍生品市场也应相对活跃，收益率曲线才有参考意义，因此有一个具备深度和流动性的衍生品市场至关重要。

基准利率的改革无形中增加了涉外客户的决策难度和交易成本，很多客户在新旧交替的过程中，难免踌躇不前。作为外汇外贸专业银行，中国银行广西壮族自治区分行充分发挥外汇业务优势，帮助国内客户尽快熟悉国际新基准利率体系、在新环境下建立适合其债务管理需求的成本测算和决策机制，为探索国际新基准利率体系规则下金融交易产品的创新夯实根基。

（二）主要做法

区内某企业的产品常年出口，近年来随着海外业务规模不断攀升，出口业务量稳定增长，企业账面也累积了大量外币应收账款。这两年美元对人民币汇率持续升值虽然增加了企业应收账款的汇兑盈利，但汇率高位盘整依然让企业面临较大的汇率市场风险。如何降低外币应收账款的风险敞口，避免汇兑损益大幅波动给企业财务报表造成不良影响，始终是该企业不断探索的课题。除使用金融衍生工具开展汇率套期保值外，该企业也在不断尝试通过资产负债对冲的策略来管理外币应收账款的汇率敞口，即通过借入外币负债，与其出口业务累积的应收账款资产进行匹配，负债端与资产端的汇兑损益相互冲抵，从而达到资产负债表平衡目的。

基于上述汇率风险管理策略，该企业近年来不断发挥其具有较强本外币融资能力的优势，尝试借入不同期限的外币资金开展对冲。在境内外寻找更具成本优势或更便于使用的外币资金，以配合其开展外币资产端与负债端的对冲，便于其动态管理外币应收账款的汇率风险，成为近年来该企业的主要财务管理目标之一。2023 年 10 月，该企业计划从邻国借入一笔美元融资，其需求是在获得较低融资利率的同时，尽量少地承担市场风险，毕竟美联储的基准利率、美元指数彼时都已处在较高的水平，如无法有效降低融资成本，或未能有效管理外币融资的汇率风险，都将大幅提高其实际融资成本、增加财务负担。

与客户熟悉的 LIBOR 相比，以美元 SOFR 为代表的新基准利率在规则上存在诸多差异。LIBOR 为前瞻性利率，在存贷业务开展之前基本都能确定其利率价格水平，利息计算以单利为主，规则较为简单。SOFR 等新基准利率普遍为后置利率，且在存贷业务期间有多个利率值，可通过单利或复利规则计息，利率价格水平无法提前确定，只能在到期后方可计算出实际利率值。

各类市场参与者在经年累月的展业过程中已经习惯了 LIBOR 体系前置、单利、所见即所得的形式，而 SOFR 等新体系就如同开盲盒，无法在融资前准确估算其成本，虽然中国银行也提供了 SOFR 的固定利率规则报价，但在美元加息周期背景下固定利率规则隐含了较高的期限溢价和加息预期，相较于浮动利率，融资成本偏高，客户难以接受。

基于此，客户面临的难题主要有三个。其一，在融资环节既要实现较低的融资成本，又不愿"开利率盲盒"，怎么办？其二，虽然 TERM SOFR 利率是前瞻性利率，但融资期限内的每个季度仍需要重新确定一次当期的利率水平，相当于从"开全盲盒"优化到"开半盲盒"，债务利率可大致估算，却无法在期初完全确定。即使当时市场普遍预测美联储将在 2023 年第四季度至 2024 年第一季度进入降息周期，但该笔融资在利率定价方面仍存在一定的市场风险，怎么办？其三，贷款期间，外汇市场汇率变化莫测，带来汇率风险，怎么办？

对此，中国银行广西壮族自治区分行在综合考虑贷款定价、保函费率以及客户整体融资成本心理价位的基础上，加强与总行及海外分行的密切联动，进行多轮询价并对贷款细节反复敲定，给出了如下的解决方案。

一是为解决客户在融资环节不愿"开利率盲盒"的问题，建议客户选择 TERM SOFR 作为融资利率指标。TERM SOFR 是 SOFR 的前瞻性利率，代表了市场对未来一段时期的 SOFR 平均水平的预期。当时境内市场暂无法提供 TERM SOFR 报价，此外长期限的 TERM SOFR 仍然偏贵，浮动利率 TERM SOFR 更具性价比，因此客户最终选择以 3 个月期限的 TERM SOFR 利率开展融资。

二是为解决客户在利率定价方面存在的市场风险问题，中国银行为企业叙做浮动转固定方向的 IRS 业务。即每个付息日企业按挂钩 CME TERM SOFR 浮动利率从中国银行收取利息，同时按约定的固定利率向中国银行支付利息。双方仅交割这两项利息的差额部分，无须分别全额互相交付。每个付息日，企业在外币贷款项下，仍按挂钩 CME TERM SOFR 浮动利率向海外借款行支付贷款利息。IRS 差额交割的利息与支付给海外借款行的利息合计后，无论未来 CME TERM SOFR 浮动利率涨到什么水平，该企业在每个付息期的实际利率水平始终为与中国银行约定的固定利率，有效规避了外币利率上涨的风险。

三是为解决客户汇率风险的问题，中国银行为客户配套叙做了近结远购的人民币对美元掉期交易，将客户到期购汇归还美元贷款本金的人民币支出锁定，避免了人民币汇率下跌的风险。

（三）取得的成效

最终，按照以上方案，客户按交易当天的即期汇率完成汇率套保，并将该笔融资的整体债务成本控制在 2.6%，有效控制企业在利率、汇率两方面的市场风险，满足其获得较低融资利率并尽量少地承担市场风险的需求。

二　创新点

（一）对境外美元利率衍生品的首次运用

该笔业务实现了中国银行系统境内外机构首笔挂钩 CME TERM SOFR

的债务保值交易，也是广西区内金融机构首笔挂钩 CME TERM SOFR 的债务保值交易，是中资企业、国内银行在国际新基准利率体系下的积极探索，尤其是对 TERM SOFR 这类基于 SOFR 的金融创新工具的尝试。

（二）对新基准利率浮动计息规则降本增效的积极探索

自 LIBOR 退出后，中国银行的外币融资虽切换使用 SOFR 作为定价利率，但普遍使用的是前置固定利率计息规则，该规则下利率溢价隐含了较高的期限利差水平，无形中增加了企业的融资成本。而该笔业务是区内企业对于 SOFR 浮动计息规则的创新运用，利率较固定利率计息规则有明显下降，并通过金融工具进一步控制了债务成本。

（三）对保值组合产品的成功尝试

紧紧围绕客户规避市场风险、利率风险、汇率风险，实现债务资产保值这个核心需求，积极引导客户树立"财务中性"及"风险中性"理念。以客户需求为出发点，注重项目全生命周期管理，与境外融资业务结合，发挥中国银行外汇业务优势，实现外汇业务场景突破，嵌入外汇保值产品，为客户量身定做组合保值方案，提供汇率、利率相结合的金融保值工具，支持企业在贷款融资等经济金融活动中，有效对冲金融市场价格风险，优化资产负债结构（见下图）。

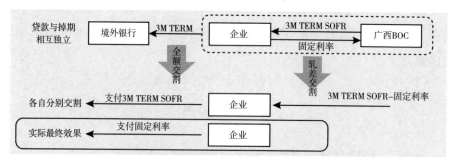

TERM SOFR 浮动转固定保值业务流程图

资料来源：中国银行广西壮族自治区分行提供。

三　应用价值

以 SOFR 为代表的新基准利率已成为金融行业未来的外币利率定价基准，在企业和银行的经营过程中将成为无法绕开的金融基因，涉外企业在开展外币存贷款、对外贸易融资等业务时，都无法绕行新基准利率，未来新基准利率在公司、金融机构两大客群中的运用也将越来越普及。因此，快速、深入地熟悉规则，熟练应用相关产品，将极大地有助于企业和银行合理管控成本、锁定收益，控制市场风险，在未来的经营和竞争中占得先机。

对于该项创新我们认为至少可在以下两个场景中进行推广。

一是用新基准的浮动利率与 IRS 产品合成固定利率的存贷款，可帮助客户在外币利率的波动周期中降低融资成本或锁定存款收益。例如，在美元上行周期中，使用收浮动付固定的 IRS 将企业 SOFR 浮动利率贷款转换成固定利率贷款，帮助企业规避利率上涨造成的外币融资成本增加，又或是使用收固定付浮动的 IRS 将企业的 SOFR 浮动利率存款转换成固定利率存款，帮助企业规避利率下跌造成的外币资产收益减少。目前经济复苏仍将经历一段相对以往更为困难的过程，良好的财务管理理念，有效的财务管理工具，无疑能够帮助企业节省财务成本，有效提升财务管理质效，增强抵御弱经济周期的生存能力，能够帮助企业降本增效的创新工具都要用起来。

二是有助于金融机构对冲外币固定收益资产的估值风险，特别是有助于区内金融机构积累利率衍生品的市场风险管控经验，为日后国内基准利率改革探索积累经验。相较于北上广深等金融机构集中区域，或东部沿海发达地区，目前区内金融机构在利率衍生业务经营上经验不足，无论是在代客利率衍生交易方面，还是基于银行本身固定收益资产估值管理方面，仍需要不断学习和积累。目前国内金融市场基准利率指标的市场化程度还不高、政策导向性强，衍生工具种类也还不够丰富，但未来国内利率市场化改革的重点无疑是市场化，并逐步与国际规则接轨，本外币浮动利率的运用将日趋普遍，监管机构也将更倾向于通过市场化利率指标的利率走廊，引导市场参与者充分运用金融工具来贯彻落实其政策意图，商业银行必须主动做好基于自身流动性管理要求而开展的债券等固收资产市值管理，满足好实体经济客户的代客债务保值需求，才能在利率市场化进程中行稳致远。没有过硬的利率衍生品应用管理技能和经验，将难以适应利率市场化改革的洪流，甚至部分中小型金融机构还可能会因为无法有效管理利率风险而迷失在固定收益资产配置中的逆周期风险中。

与此同时，该项创新更为重要的应用价值在于，向企业普及新基准利率、为客户培养新基准利率背景下套期保值的行为习惯。如同理财打破保本保收益、债券取消刚性兑付等市场化进程，汇率利率市场化无疑是下一个需要蹚过的改革深水区。借助国际新基准利率改革的尝试和摸索，先过"外国的河"来积累经验、掌握技能，给国内利率市场化改革创造更有利的市场条件，为相关改革落地实施培育更成熟的客户市场、金融人才。

本文组织编写团队：中国银行广西壮族自治区分行

执笔人：覃宇翔、郑长梅、卢丽行

依托"现代工匠学院"培育数字经济人才

一　案例简介

中国—马来西亚数字经济现代工匠学院（以下简称"现代工匠学院"）由广西金融职业技术学院（以下简称"广西金融职院"）、马来西亚东姑阿都拉曼管理及工艺大学（以下简称"拉曼理工大学"）、广西启迪创新跨境电子商务有限公司（以下简称"启迪创新跨境"）、启迪之星马来西亚创业孵化器有限公司（以下简称"启迪之星"）于2023年8月始建，到2026年底建成。建设期内，采用"校—校—企—企"的合作模式，四方协同开展人才培养"十百千万"行动计划、搭建"产学研用"合作共同体、打造"三共同"教学模式，实现四方共商职业教育标准、共享职业教育资源、共建技术技能型社会，以期建成一所集教育、产业、科技、人才于一体的现代工匠学院，全面深化职业教育服务东盟国家国际产能合作，赋能东盟区域金融行业深度转型升级和数字经济发展。

（一）背景情况

2022年7月，习近平总书记在第五届数字中国建设峰会上强调，要推动实体经济与数字经济融合发展。[①] 同年，党的二十大报告指出，

---

① 《做强做优做大我国数字经济　习近平这样擘画》，"人民网"百家号，2022年7月22日，https：//baijiahao. baidu. com/s？ id＝1739045977024197425&wfr＝spider&for＝pc。

加快建设国家战略人才力量，实行更加积极主动的开放战略，明确了国家在新时代的建设方向和重点。2023 年，习近平总书记到中国—东盟信息港视察工作，强调广西要依托地缘优势，主动作为，进一步推进广西高水平对外开放，深化与东盟国家的合作关系；① 同年 9 月，李强总理在第 26 次中国—东盟领导人会议上宣布中国将在东盟建设 10 所"中国—东盟现代工匠学院"，② 次月，"中国—东盟现代工匠学院"揭牌，正式开启了广西高校协同企业出海之旅。

自治区党委、政府认真贯彻落实国家相关战略部署和重要指示，明确提出加快"数字广西""智慧广西"建设，促进数字经济与实体经济深度融合，并强调广西职业教育要紧跟建设步伐，在推动技术变革性突破、产业深度转型升级方面贡献职教力量。同时，与教育部联合印发《推动产教集聚融合打造面向东盟的职业教育开放合作创新高地实施方案》，为广西职业教育服务东盟国家国际产能合作提供了政策支持和指导。

为此，广西金融职院（见图 1）聚焦东盟数字经济，坚持教随产出、校企同行，与拉曼理工大学（见图 2）、启迪创新跨境、启迪之星合作共建现代工匠学院，创新构建"校企四方联动、育训研创结合、赋能新质生产力、服务中马企业发展"国际化办学模式，致力于东盟各国的数字人才培养，服务数字技术、金融科技、电子信息、人工智能、智慧电商等前沿领域的国际产能合作，使东盟更多国家享受数字红利。同时，坚持内外统筹、校企并举，打造"内外双优双循环"动能切换双驱动发展模式，构建行业产教融合共同体，主动适应产业变革对高技能人才的新要求，推进新商科人才培养，为广西打造国内国际双循环市场

---

① 《习近平在广西考察时强调：解放思想创新求变向海图强开放发展　奋力谱写中国式现代化广西篇章》，中国政府网，2023 年 12 月 15 日，https：//www.gov.cn/yaowen/liebiao/202312/content_ 6920518.htm。

② 《李强在第 26 次中国—东盟领导人会议上的讲话（全文）》，中国政府网，2023 年 9 月 7 日，https：//www.gov.cn/yaowen/liebiao/202309/content_ 6902529.htm。

经营便利地提供智力支持和人才支撑，服务构建更为紧密的中马命运共同体。

图 1　现代工匠学院项目立项建设单位广西金融职院西校区

资料来源：广西金融职院提供。

图 2　现代工匠学院在拉曼理工大学吉隆坡校区的教学楼

资料来源：广西金融职院提供。

（二）主要做法

1. 开展人才培养"十百千万"行动计划，加快数字人才队伍建设

如何破解中小企业在数字化转型中"不愿转""不敢转""不会转"的难题？转变思维、培育数字人才是关键和根本。在建设期内，现代工匠学院通过举办 3 场中国—东盟技术技能邀请赛，实现以赛促学，以赛促技，选拔出一批"数字经济现代工匠"；开设 30 门培训课程；招收、培养 300 名学历生；开展 3000 人次以上的"语言+职业技能"培训并颁发证书，带动中马学生、企业员工及社会人员投身于数字经济发展新蓝海。

2. 搭建"产学研用"合作共同体，推动教育数字化转型

现阶段，国内数字经济龙头企业在核心技术和关键产品等各方面仍面临"卡脖子"难题和外部打压。由此，汇聚各方力量、洞察市场需求、构建创新平台、加速科研成果转化显得尤为迫切。同时，国际化数字人才紧缺已成为我国数字经济产业发展的主要瓶颈。为此，现代工匠学院充分发挥中马两国高校与企业的合作力量，协同构建联合培养、优势互补、人才共享的"产学研用"合作共同体，着力建设两中心、两基地、三平台，围绕国家目标和产业需求开展教学和科研活动，纵深推动教育数字化转型。两中心：集教学、实践训练与成果展示等功能于一体的多功能数智中心（见图 3），集教学研究、学术研讨、产教融合等一站式服务于一体的交流中心。两基地：产教融合（中国广西）基地，产教融合（马来西亚）基地。三平台：教师培训交流平台，数字经济技术创新交流平台，青年数字技能开发平台。建设"产学研用"合作共同体，大力推动了国际化数字人才的培育和输出，进一步加强了中马两国的友好合作，为产业经济数字化转型发展提供了人才支撑。

图3　现代工匠学院首期建设项目数智中心展厅

资料来源：广西金融职院提供。

3. 打造"三共同"教学模式，助力数字教育高质量发展

相较于传统的金融从业人员，数字金融领域的专业人才不仅要求具备扎实的金融理论知识，还需要掌握大数据、人工智能等前沿技术领域的相关知识，这对高校的人才培养提出了新的要求。为此，现代工匠学院在建设期内实施"三共同"教学模式。一是共同开展学历教育。通过搭建技能人才成长"立交桥"，为中马两国及其他东盟国家学生提供专科、专升本、本升硕博的学历教育；为教师和企业员工提供本科、硕博的学历教育，畅通技能人才多元化成长通道。二是共同开展技术技能培训。面向马来西亚及其他东盟国家学生、企业员工、社会人员、行业人士提供定制化培训项目并颁发证书，面向全球青年提供数字技能学习项目，促进国际产能合作、产教融合进一步深化。三是共同开发教学资源。依托中国—东盟职教云平台，整合校企优势资源，校企共同开发课程标准、技能培训标准，向中国与东盟各国院校及企业推广，服务广西与东盟各国的产业经济发展。

（三）取得的成效

1. 紧密对接产业发展需求，育训研创平台有创新

校企四方协同、育训结合，为学员搭建了学习、实训的新舞台，提供了教学、实训场地共 12172m² 。其中，数智中心 1 个，教学服务中心 1 个，产教融合基地 2 个，技术服务平台 3 个，集教育教学、技能培训、科技创新、文化交流、竞赛和展览于一体，主动适应产业发展，切实推动校企协同育人，实现产业发展需求与技术技能培养相匹配；以研育人，以训育人，在共享技术平台中实现了企业技术升级和技术技能人才的创新培养。

2. 深耕专业培训项目，数字技能人才培养出成效

现代工匠学院面向马来西亚学生、企业员工及社会人员开展"中文+金融科技应用""中文+跨境电商""中文+跨境支付"等定制化职业技能培训，通过培训，数字技能人才的多元培养与技能型社会建设得到促进。截至 2023 年，该校已完成了 45 家 3090 人每日的东盟企业培训，课时远超 10000 节；完成了两期"中文+职业技能"培训，培训量达 372 人每日，培训得到了学员的一致赞誉，达到了预期培训效果，自治区教育厅领导亲临马来西亚看望训练营学员。

3. 共编"金课""金书"，数字教育资源供给有优化

以聚焦数字人才培养为目标，对接国际化标准，校企联合开发国际化教学资源，编制了 3 份专业人才培养方案、完成了 3 个专业设置、开发了 11 门专业核心课程、完成了 3 门国际化课程建设、编写了 2 本双语教材、开发了 9 套配套教学资源和 5 个培训资源包，并制定了招生方案。基于此，现代工匠学院依托数智中心，实现教育资源与生成式人工智能融合，通过 AIGC 应用工具的功能以及 AI 数字人把教育资源转化为动态生成式服务，为马来西亚学生、企业员工及社会人员提供了丰富、立体的学习体验。

4.打造标志性成果树标杆，数字教育品牌形象有提升

现代工匠学院聚焦内涵、特色和品牌，获得了人民网、"学习强国"、中新网、光明网、《星洲日报》、马来西亚科技创新部等的报道，社会影响力不断扩大，品牌效应不断增强，为国际化数字人才供给贡献了广西力量，为支撑中马两国经济高质量发展提供了"广西金融方案"。

二　创新点

（一）构建了数智育人基地建设新模式，激发校企合作新动力

数智中心基于国际尖端需求，集清华科技园、面壁智能等中国顶尖人工智能力量建成，其作为教学实践的重要场所，能够把大数据分析、AIGC应用等前沿技术融入数字经济人才培养中，使科技创新和人工智能技术为"一带一路"数字经济发展提供强有力的支撑，为培养具备国际视野、创新能力、数字化技术和精通管理业务的高层次复合型"数字经济现代工匠"人才提供了现代化、专业化的学习实训环境，全面提升教育数字化水平。

（二）实施了精准化专业培训新方式，构建教育共享新生态

现代工匠学院致力于培养"数字经济现代工匠"，以满足广西和东盟各国数字经济领域及先进制造领域的人才需求。与行业共建产教融合共同体，对标企业重大技术攻关和技能人才需求，在培养"下得去、用得上、离不开"的技能人才方面下功夫，与中马两国行业企业、高校、科研院所开展深入合作，通过实施"中文+金融科技应用""中文+跨境电商""中文+跨境支付"等定制化职业技能培训项目，构建开放共享的职业教育生态圈，实现中马两国乃至"一带一路"共建国家学生"同上一堂课"的构想。

（三）打造了产教融通国际化新范式，擦亮现代工匠服务新品牌

培育打造"中马职业教育·优在现代工匠"服务品牌，在教育方面，采用"文化+品牌+教育+科技"四位一体模式组织教学，面向马来西亚学生、企业员工以及社会人员，开展学历教育、继续教育、技能培训和技术咨询，助力中马两国经济高质量发展；在产教融合方面，着眼教育、科技、人才三位一体融合发展，推动"走出去培养人"与"培养走出去的人"双轨运行，构建以"一个行业共同体、一个现代工匠学院、N个示范性企业和分院"为核心的"1+1+N"产教融合创新发展载体，实现本地招生、本地学习、本地实习、本地就业；在科教融汇方面，注重融合汇聚科技和教育的力量，将现代工匠学院建成中马职业教育产教融合发展的典范。

三 应用价值

（一）为中国—东盟数字经济人才培养搭建新平台

现代工匠学院坚持立足国内、面向东盟、辐射全球，秉持"开放创新、服务发展、合作共享"理念，通过开展合作办学、精准化培训等项目，为中国—东盟数字经济人才培养搭建新平台，满足中国与东盟各国师生和企业员工终身学习的需求，助力中国与东盟职业教育发展。

（二）为中马两国的人文交流探索新路径

现代工匠学院作为技能培训的平台，亦是文化交流的载体，通过组织交流会、论坛等活动，积极传播中华优秀传统文化，在中国与东盟多领域交流中扮演重要角色。在建设期间，广西金融职院依托现代工匠学

院与拉曼理工大学开展"桂马青年说""桂马教师技艺切磋"等文化交流活动，开展跨境电商、金融科技应用等专业技能培训，通过教学和交流增进了中马青年人心相通、文化相通，为中马两国的文化交流探索出新的路径。

（三）为中马两国的企业发展提供新服务

现代工匠学院以建设"中国—东盟现代工匠学院"为着力点，以产业经济化转型发展需求为导向，服务中国企业"走出去"，对接马来西亚的行业与重点产业、支柱产业，推进校企协同育人，实现产业技术需求与专业技能人才培养供给相匹配，培养更多高素质技能人才、能工巧匠、大国工匠，满足行业产业经济发展对人才的需求。

（四）为中马两国数字教育构建新生态

现代工匠学院紧扣互通互享数字教育，共同构建数字教育新生态。一是从人才培养、师资培训、技术研究、标准认证等方面进行深入探讨与实践，围绕马来西亚产业经济社会发展，开展国际金融类学历教育和技能培训，并颁发培训证书，为学生提供优质教育服务，提升学生综合数字素养和能力，实现教育泛在化、个性化、精准化。二是从育人方式、办学模式、管理体制、保障机制等方面深化改革，构建与数字时代相适应的高质量终身教育新形态，培养全面化、自由化、个性化的数字人才。

（五）为中马两国经济高质量发展注入新动力

建设现代工匠学院是落实国家战略部署，促进中国和东盟各国合作的重要举措。现代工匠学院集两国两校两企之力，共同打造开放、可视化的内外贸一体化数字服务平台，围绕"人才培养、职业培训、技术创新、成果转化、人文交流"五大功能，为中国职业院校、驻东盟中资企业、东盟本土企业、东盟各国院校实现经济可持续发展、人文密切交流、民心相通提供了纽带。

未来，广西壮族自治区教育厅、广西金融职院将加快推进现代工匠学院建设，助力广西打造国内国际双循环市场经营便利地，为广西建设涉外金融服务最优区、政策最惠区提供教育科技人才支撑，为中马两国经济高质量发展、助推中马命运共同体建设贡献"广西金融"的智慧和力量。

本文组织编写团队：广西壮族自治区教育厅

广西金融职业技术学院

执笔人：李高岩、吕青、韦施羽

创新"金融+科技+诉讼" 个贷不良处置模式

为贯彻党中央、国务院防范化解不良贷款风险的指示，创新不良资产处置方式，2021年，中国银保监会等部门批准在银行业信贷资产登记流转中心有限公司（以下简称"银登中心"）开展对公和个人不良贷款转让试点，广西联合资产管理股份有限公司（以下简称"广西联合资管"）成为广西首家、全国首批获批试点的地方AMC。广西联合资管瞄准广西作为建设面向东盟的金融开放门户主战场的定位，高度重视个人不良贷款资产（以下简称"个贷不良"）收购和处置的战略布局工作，成为全国首家获批接入中国人民银行（以下简称"人行"）征信系统的地方AMC，在个贷不良处置领域形成了全国首家、首单、首创的"首字号"业务品牌。该创新试点案例对于完善广西乃至全国的社会信用体系具有重要意义，同时为提高广西金融服务水平提供了强劲的科技支撑，为推动建设面向东盟的金融开放门户创造了有利的条件。

一 案例简介

（一）背景情况

1. 广西建设面向东盟的金融开放门户的目标导向

《广西壮族自治区建设面向东盟的金融开放门户总体方案》的出台

是广西聚焦创新发展，持续深化区域金融改革，发展沿边金融，构建广西面向东盟大通道的重要举措。在此背景下，合理、充分地利用金融科技，通过人工智能、大数据、互联网等技术的应用，极大地支持、辅助了传统的金融业务，并有利于在金融领域实现创新，同时对于提高我国金融业的服务质量和改革、对外开放、发展新质生产力有着重大的现实意义。在建立广西与东盟跨境金融合作交流平台的过程中，大数据和人工智能技术的应用可以帮助更准确地识别和评估金融风险，增强广西金融体系的风险管理能力，为建设面向东盟的金融开放门户提供稳定运行的保障。

2. 不良贷款批量转让业务发展的迅猛趋势

近年来，个贷不良率持续上升，2021 年 1 月，中国银保监会首次批准设立不良贷款批量转让试点，为不良贷款批量转让和流通打开政策空间。2022 年 12 月，中国银保监会再次扩大试点范围，新增政策性银行和信托公司等。2023 年，新增个贷供给者超 500 家，市场参与机构超千家，个贷不良处置供给水平和流动性提升。地方 AMC 应发挥优势，借鉴对公不良收处经验，通过个人债务重组等模式，用专业、规范的方案帮助债务人走出困境，正向帮助债务人走出债务泥潭，推动社会信用体系的完善，为我国不良贷款批量转让市场规范、健康发展奠定坚实基础。

3. 金融科技成为发展新质生产力的关键力量

随着大数据、人工智能等技术的不断进步，金融科技已成为推动经济高质量发展的关键力量。金融作为经济发展的核心力量，其在推动数据要素价值释放、数字基础设施建设、新一代数字技术应用等方面发挥着举足轻重的作用。地方 AMC 通过深化"数字科技+资产管理"的应用，实现对资源的有效配置，提高资金的使用效率，同时对市场风险进行评估和预警，降低业务风险，提高金融服务实体经济的能力。

（二）主要做法

1. 构筑完备、合规的个贷不良处置体系

（1）设立个贷不良处置业务专项部门

专项部门负责参与和落实不良贷款批量转让试点工作，开拓创新个贷不良处置业务的市场，加强广西联合资管与互联网企业、金融处置机构等个贷不良创新业务所涉及的交易主体及其上下游客户的合作，为做好不良贷款批量转让业务打下了坚实的基础。

（2）建设专业化的个贷不良业务管理系统

广西联合资管针对业务管理建设了个贷不良业务管理系统，实现了资产包继续计息、增加回款、现金流报表等功能，并具备对个贷不良资产包实时化监控、数据化管理功能。同时个贷不良业务管理系统作为广西联合资管征信报送前端业务系统，在与征信报送系统的数据对接匹配方面进行了个性化设计建设，确保系统产品符合人行征信中心针对个人、企业业务的数据采集要求。2021年10月，广西联合资管完成了个贷不良业务管理系统的搭建；2021年12月，广西联合资管获准接入人行征信系统；2022年9月，广西联合资管正式开始征信报送工作，当日成功上报入库率为100%。

（3）提升信息化风险防范能力

广西联合资管将数据安全、信息安全、风险防控纳入战略规划中。在机制建设方面，设立了信息安全工作领导小组，配备征信从业人员；在制度建设方面，完善了征信内控建设、网络安全管理、设备间安全管理等相关制度，保证采集、报送、维护征信数据合法、及时、有效以及征信异议处理及时、准确；在安全管理方面，将报送系统接入金融城域网，防止外单位征信用户的借道查询，杜绝非系统用户登录及用户非法登录，系统操作皆有记录、可定位、可追溯。自接入征信以来，广西联合资管异议投诉量均为0件。

2. 打造专业、集中的个贷不良处置平台

2022年12月，广西联合资管与业内优质法律科技企业合作创建了个贷不良处置平台——广西经义信息科技有限公司（以下简称"广西经义"），该平台将地方AMC的牌照优势与法律科技企业的技术资源紧密结合，实现个贷不良处置全链条全流程的覆盖，成为广西联合资管金融科技业务的特色与亮点，具体有以下三个特色。

（1）处置效率高

广西经义最核心的个贷不良处置模式是全国分散式诉讼处置。其高效的案件管理系统，以及触达2200余家基层法院的诉讼能力，实现了高效处置回款。目前国内个贷不良处置市场仅有不到10家分散式诉讼的处置机构，其中规模能达到该体量的分散式诉讼的处置机构仅此1家。

（2）接洽范围广

广西经义在全国共有15家处置机构，全国员工200余人。业务覆盖全国22个省、3个自治区、2个直辖市，已在全国90%以上的基层法院及中级法院完成诉讼流程。

（3）程序合规化

相较传统电催机构，广西经义由公共权力机构协助处置，不直接触达债务人，合规性强。

3. 搭建自动化、数字化的案件管理及电子签章一体化系统

（1）搭建案件管理系统

广西联合资管基于案件处置过程的需求开发了案件管理系统，该系统涉及案件管理、诉讼管理、资产评估等11个模块的功能，具有详细的案件状态划分、案件全周期流程可视化等效用。一是提供开源系统接口，与全国各地区法院系统建立链接，实时监控全国法院诉讼服务数据，处置状况一目了然。二是自动追溯案件，自提交案件材料开始至回款结案，该系统可以详尽地记录案件的一生。三是智能生成材料，该系统具备人工智能OCR识别系统，机器通过学习大量案件材料，可以准

确识别案件材料中的重要因素信息，生成相关法律文书，平均每分钟可生成 10 万件起诉状等法律文书。四是具有强大的数据处理和管理功能，通过明确数据化转型需求，引入资产估值定价模型，提高资产估值定价的专业性和准确性，基于市场数据对拟交易资产的现金回收状况进行模拟测算，根据累计回收率曲线法、回归分析法和模型训练法等进行数据拟合，完成债务人画像，升级更新处置方式。

（2）嵌入电子签章系统

广西联合资管通过嵌入电子签章系统，实现了强制执行申请书、授权委托书、结清证明、网络开庭申请书等各类业务文件的在线签字、盖章。个贷不良处置相关文件签章全程在线化管理，简化业务办理的流程手续，提升处置效率，同时还有效防范纸质文件签章管理过程中的冒名签章、伪造等行为，解决文件纠纷事后追责难鉴定的问题。该系统的嵌入实现了案件管理、文件管理、印章管理等多维管控，构建了具备数据存证、安全管理等功能的一体化工作流程，符合金融行业的数字化转型趋势。

（三）取得的成效

1. 经营成效

（1）业务规模扩大：债权总额约 41 亿元

获批参与银行不良贷款批量转让试点以来，广西联合资管已通过银登中心成功竞拍了 19 个个贷不良资产包，出让方涵盖银行、消费金融公司等超过 10 家金融机构。截至 2024 年 6 月底，广西联合资管存量管理的债权总额约 41 亿元，涉及资产笔数约 56 万笔，其中通过银登中心受让的债权总额约 22 亿元，涉及资产笔数约 4 万笔，覆盖北京、上海、广东、四川、重庆等超过全国 20 个地区。

（2）处置效率提升：每年可处置案件 50 万件

截至 2024 年 6 月底，广西联合资管携手旗下个贷不良专业化处置平台开展的个贷不良资产包项目尽调评估超 200 个，已成交 8 个，债权总规模约 10 亿元，涉及资产笔数约 19 万笔。目前广西经义通过个贷不良案件管理系统处置已触达 2200 多家基层法院，每日可处置案件 2700 件，每年可处置案件 50 万件。

2. 专利成果

广西联合资管旗下个贷不良处置平台——广西经义自研迭代诉讼材料生成系统等 11 套具备自主著作权的个贷不良科技处置系统，涵盖资产包估值、案件管理、征信报送等个贷不良处置的整个生命周期，实现了全流程科技赋能。

3. 行业领先

根据银登中心公开数据，截至 2023 年末，广西联合资管个贷不良年内摘包量为业内第四。同时，广西联合资管目前的个贷不良存量管理规模、个贷不良处置能力及生态系统建设水平在全国 59 家地方 AMC 中处于领先地位，业内 10 余家机构曾先后到广西联合资管学习交流个贷不良处置的经验。

近年来，广西联合资管积极参加"2024 个贷不良西湖峰会"等行业论坛，在关注行业发展趋势、政策变化及市场动态的同时，积极分享自身作为接入征信"探路者"的经验和成果，也收获了行业的反馈和认可，先后获得"2021 年度中国地方 AMC 论坛最佳案例奖"、"2023 个贷不良新锐奖"和"2024 年度杰出机构奖"（见图 1）。

图 1　广西联合资管在个贷不良处置领域所获奖项

资料来源：广西联合资管提供。

二 创新点

（一）历史纪录创新：打破了地方 AMC 与人行征信系统分离的状态

广西联合资管是全国首批、广西首家获批参与不良贷款批量转让试点的地方 AMC，同时成功斩获了国内史上首单信用卡债权转让业务，并且打破了地方 AMC 与人行征信系统分离的状态，成功接入征信报送系统，为地方 AMC 接入征信及我国个贷不良市场化批量处置提供了重要借鉴。作为全国首家接入人行征信报送系统的地方 AMC，中国人民银行广西壮族自治区分行南宁征信管理处已将广西联合资管作为典型案例报送人行征信中心。

（二）处置模式创新：全国首创个贷不良处置分散式诉讼模式

广西联合资管是全国首家打造个贷不良处置分散式诉讼模式的地方 AMC（见图 2），该模式的优点在于以下几点。一是提高效率，降低成本。分散式诉讼可以避免在集中诉讼中由案件量巨大导致的诉讼延迟，通过在异地法院同时进行诉讼，加快诉讼进程，有效缓解了单家法院的工作压力，提高了司法系统的运行效率，减少因集中诉讼而产生的额外费用以及由案件积压导致的管理成本。二是适应差异，灵活应对。分散式诉讼可以根据各地法院的具体情况和案件特点，灵活选择诉讼策略和时间，制定更为个性化的诉讼策略，提高诉讼的针对性和有效性以及成功率。三是激发创新，优化模式。分散式诉讼将有助于催生新的法律服务模式，例如远程诉讼服务、在线调解等，有利于进一步提高诉讼的便捷性和效率。

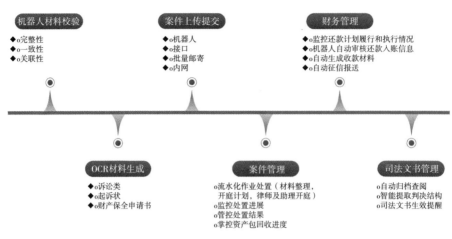

图 2　广西联合资管个贷不良处置流程

资料来源：笔者整理得出。

（三）科技应用创新：科技创新成果切实转化为处置效率提升

一是打造自动化系统，案件管理系统可以通过同时管理百万件诉讼案件的进展和诉讼结果，实现"全流程、全生命周期"管理。二是基于 OCR 的人工智能模型，针对影像、表格类型等文件训练"专项机器学习模型"，提高识别率。三是引入机器人应用，使用财务审核机器人替代人工完成高效准确的财务审核，使用案件提交机器人让全国法院系统实现"机器人交案"。四是具有高效处理功能，格式化读取判决书内容，对判决书实现"智能归类"。五是接入征信系统，实现"T+1"人行征信报送。

（四）生态模式创新：构建了"金融+科技+诉讼"的融合发展模式

不良贷款批量转让的试点政策打破了地域限制，广西联合资管在立足广西区内协同的基础上，整合自身及合作方在牌照、处置、科技方面的资源优势,打造了"金融+科技+诉讼"的融合发展模式,形成了聚集放大效应,实现了运营模式的差异化,为推动区域金融改革提供了"广西经验",激发了金融改革的内生动力。同时,该模式为广西金融机构与区外平台开展个贷不良业务合作创造了特殊机遇,优化了区域金融发展空间布局,构建了多元化的交流机制,有利于推动区域经济一体化和金融市场繁荣。

三 应用价值

(一)战略价值:拓展广西金融产业链,实现多方共赢局面

广西联合资管始终坚持以互利共赢为核心原则推进个贷不良处置业务的发展,为确保个人贷款安全奠定了坚实基础,有效改善了金融机构债权人与债务人之间的对立局面。同时,广西联合资管在推动区内外机构合作方面取得了显著成效,特别是在数字化转型和创新发展等领域加强了合作,共同促进了广西金融产业链的进一步完善,提升了金融服务的质量和效率,有利于加快发展新质生产力、形成互惠共赢的良好局面。目前,广西联合资管正加大力度投入试点工作,确保与第二批试点机构的合作顺利推进,为推动个贷不良处置行业的持续健康发展贡献力量。

(二)社会价值:优化个贷催收模式,推动社会信用体系建设

广西联合资管打造的个贷不良处置平台符合我国金融市场普惠金融的长期发展趋势,符合《互联网金融贷后催收业务指引》的政策导向。该平台作为消费金融第三方服务商从事贷后不良资产清收处置服务工作,其存在巨大业务需求,还将有利于化解因暴力催收而引发的社会风

险，助力金融市场环境的稳定，防范信用风险，推动社会信用体系建设，降低个贷不良率，防范系统性金融风险。

（三）技术价值：推动个贷不良处置数智化

广西联合资管运用了大数据和人工智能技术优化催收策略，打造自动化催收业务流程，并通过数据分析预测回款率，实现了更加精准的定价。该案中的技术应用和创新，有助于提升广西金融服务的竞争力和效率，为广西吸引更多区外的金融业务，同时进一步强化了行业内对数据驱动决策重要性的认识，促进企业构建以数据为核心的运营和决策体系，为行业提供了新的解决方案和业务模式，推动了行业的技术进步和创新发展，为发展新质生产力奠定了良好的基础。

（四）推广价值：为个贷不良处置行业的深入拓展树立鲜明标杆

作为全国首家接入征信系统的地方 AMC，广西联合资管在金融资源整合与风险控制方面具有先进经验，具有全国推广价值。为了接入征信系统，广西联合资管配套搭建了一系列智能化系统，利用金融科技服务个贷不良资产包处置、清收工作，成为地方 AMC 数字化转型升级的标杆与典范。为拓展智能型、资源节约型创新业务模式，广西联合资管打造了市场化、多元化、综合化的业务体系，连接上下游客户端，建立业务生态体系，实现服务模式多样化，从单纯的收购处置，发展成为集不良贷款的资产、资金、处置、科技系统于一体的综合服务商，是地方 AMC 调整业务结构、优化发展模式的良好实践案例。

本文组织编写团队：广西联合资产管理股份有限公司

执笔人：莫璐荧、刘晴晴、吴绮

创新农业"建档立卡"与信贷直通车融合

民族要复兴，乡村必振兴。"实施乡村振兴战略，是党的十九大作出的重大决策部署，是决胜全面建成小康社会、全面建设社会主义现代化国家的重大历史任务，是新时代'三农'工作的总抓手。"[1] 农业信贷担保政策是国家创新财政支农资金使用方式，构建服务乡村振兴战略多元化投入机制的重要布局，是撬动金融资金和社会资本投向农业的重要纽带，中央一号文件连续9年对农业信贷担保工作做出部署。自治区农业农村厅联合广西农业信贷融资担保有限公司（以下简称"广西农担公司"）充分发挥资源配置中市场决定性作用和政府引导作用，通过创新农业"建档立卡"与信贷直通车融合，撬动更多金融资金投入全区农业生产经营，着力破解农户融资信息不畅通、有效抵押物不足等融资难题，构建起"政府筑渠，农担引流"的精准支农模式。

一 案例简介

（一）背景情况

党和国家高度重视"三农"工作，始终把解决好"三农"问题作为全党工作重中之重。中央金融工作会议指出，深刻把握金融工作的政治性、人民性，做好科技金融、普惠金融等五篇大文章。自治区人民政

---

[1] 《中共中央　国务院关于实施乡村振兴战略的意见》，中国政府网，2018 年 2 月 4 日，https：//www.gov.cn/zhengce/2018-02/04/content_ 5263807. htm。

府印发的《加快建设面向东盟的金融开放门户若干措施》也明确提出，鼓励优质金融要素集聚，鼓励金融支持实体经济发展。为积极贯彻落实党和国家、自治区有关工作部署，自治区农业农村厅充分发挥自治区农担体系建设厅际联席会议办公室组织协调作用，牵头组织在全区大力开展农业"建档立卡"与信贷直通车融合工作，以涉农信息平台为载体，引入政策性农业信贷担保、国有大行等金融机构的多样化信贷产品、服务，建立起农户扫码"下单"、政府把关推荐、担保统筹"派单"、银行授信"接单"的协同支农模式，充分发挥渠道优势，有效助力破解农户融资信息不畅通、有效抵押物不足等融资难题，推动创新"金融+乡村振兴"载体，为全区农业经营主体提供更高效、便捷的融资服务。

（二）主要做法

1. 以"四个专项"创新搭建顶层机制

一是出台专项指导文件。报请自治区人民政府办公厅出台《关于加快推进全区农业信贷担保体系建设 助推乡村振兴的实施意见》（桂政发〔2018〕118号），其成为指导广西农担体系建设、助推乡村振兴的纲领性文件。2023年9月，自治区农业农村厅联合自治区财政厅印发《广西进一步发挥农业信贷担保体系作用 助推农业高质量发展实施意见（2023—2025年）》，明确全区新型农业经营主体"建档立卡"工作目标、支持政策和保障措施，从自治区层面统筹推进全区农担体系建设工作，为全区农业"建档立卡"工作开展奠定了坚实基础。

二是建立专项联席机制。为有效推进全区农业经营主体"建档立卡"工作，自治区农业农村厅联合自治区财政厅报请自治区人民政府建立了"推进广西农业信贷担保体系建设助推乡村振兴厅际联席会议制度"（厅际联席会议办公室设在自治区农业农村厅），明确自治区农业农村厅、自治区财政厅为牵头部门，自治区林业局、广西农担公司等11个部门为成员单位，共同指导、协调和督促各设区市人民政府及各相关部门落实农业适度规模经营主体"建档立卡"工作。全区 14 个设区市参照自治区联席会议制度，建立起"自治区—市—县—乡村"四级联动的新型农业经营主体"建档立卡"工作机制。组织召开 2023 年农担体系建设厅际联席会议，总结通报 2023 年"建档立卡"开展情况，部署下一步"建档立卡"工作措施。

三是明确专项工作指南。为明确农业"建档立卡"工作重心和各成员单位工作职责，2020~2024 年，自治区农业农村厅每年以厅际联席会议办公室名义及时印发《广西农业信贷担保体系建设工作要点》，根据工作要点和实际工作情况，明确每年"建档立卡"全区任务目标，重点推进方向，量化并形成重点工作任务清单，落实牵头部门、配合部门。其中，《广西农业信贷担保体系建设 2023 年工作要点》明确要求推动农业"建档立卡"与信贷直通车有效融合，以厅际联席会议办公室的名义制定出台相关工作方案，从工作流程、推荐表单、考核机制等方面着手，推动农业"建档立卡"与信贷直通车融合，进一步提升农业融资的便捷性。

四是建立专项考核机制。出台《农担体系绩效考核办法》，每年组织开展工作考核与督导，设立农担体系建设指标、农业"建档立卡"指标、保障措施指标等绩效考核内容。2023 年印发《关于下达 2023 年全区新型农业经营主体"建档立卡"目标任务的通知》，并将目标任务分解下达至各市、县，有效调动各地农业农村部门工作积极性。

2. 以"政担+N"标准化合作搭建农户直通平台

一是建立政府部门把关推荐流程。探索"线上+线下"建档模式，2024 年 1 月 3 日，自治区农业农村厅以厅际联席会议办公室的名义印发《关于加快推进农业经营主体信贷直通车与"建档立卡"工作融合开展的通知》，从工作流程、推荐表单、考核机制等方面推动信贷直通车与"建档立卡"工作融合开展。针对信贷直通车主体填报信息不完善、系统数据库无法认证等情况，各级有关部门摸底筛选后以"建档立卡"形式推荐给农担机构，为农业经营主体搭建"线上+线下"融资申请通道，进一步提升农户融资渠道的多样性和便捷性。

二是建立担保"派单"机制。进一步完善"主体扫二维码申请、信贷直通车平台自动核验、广西农担公司审查核保、银行机构审核授信、反馈信贷服务信息"的工作流程。由自治区农业农村厅组织区内各级农业农村部门引导农户扫码下单，提交融资需求。广西农担公司各办事处在信贷直通车系统响应融资需求，并根据农户选择对接合作银行，引导银行为信贷直通车提供绿色通道，积极进行信贷"接单"。

三是建立银行"重点支撑"机制。形成自治区农业农村厅牵头，广西农担公司承办，区内农业银行、工商银行、邮政储蓄银行、农村信用社、北部湾银行、桂林银行等金融机构重点支撑的"政担+N"合作模式，共同开展金融支持春夏备耕、秋冬种植等专项行动，满足农业生产需要，促进重要农产品稳产保供。

四是建立"1+5+5"限时办结机制。对初步审核通过的客户，广西农担公司严格落实1个工作日内"一次性告知"客户所需材料、5个工作日内完成审查核保，银行5个工作日内完成审核授信。同时建立业务台账，定期统计、梳理调度，提高信贷直通车服务效率。

3. 以产业聚焦打造"政策下乡"常态

一是坚持找"准"对象。为不断增强农业"建档立卡"、信贷直通车政策下乡效果，2023年印发《广西农业信贷担保政策"八桂乡村行"专题宣介活动工作方案》。按照"一市一产一方案"原则，组织各地广西农担公司办事处主动配合当地农业农村局聚焦本地优势特色产业，包括崇左糖业、柳州金橘、贺州香芋、北海水产、南宁沃柑等，制定本市的专项方案，针对特定产业主体精准开展主题宣传会14场。同时广西农担公司每月主动联合政府部门、银行、行业协会等在乡镇举办"小规模、高频率"的融资对接会，目前，各地累计召开农业"建档立卡"、信贷直通车专题宣介活动、融资对接会 624 场。

二是坚持做"实"服务。农担"政策下乡"坚持"室内宣介+入户服务"原则，除了通过召开农业信贷担保服务对接会进行政策宣讲、案例介绍外，各地还由农业农村部门、广西农担公司办事处、合作银行等派员组成调研小组或服务小组，共同前往农业产业经营地开展实地调查，进村入户为农业经营主体提供现场服务。同时，充分依托各市、县农业农村局，派驻县乡村振兴工作队和驻村书记，成立信贷直通车工作队，介绍信贷直通车政策和办理流程，"手把手"指导有信贷需求的农业经营主体扫码申请，让农户在家门口就能实现扫码贷款。

三是坚持"常"态宣传。按照逐年增加、逐步扩大的思路，多形式、多样化设立农担政策展示"窗口"。由自治区农业农村厅组织、协调，广西农担公司落实，分别在各个村委分级分类投放信贷直通车宣传电子屏、展板、展架、海报等，将宣传牌设立范围由交通要道、十字路口、村委中心等位置进一步延伸至农业产业经营地、产业园。2023 年，新设立农担政策宣传牌共 198 块，新投放印制农担政策标识的宣传品 7900 份、宣传折页 10 余万份。近年来，已在重点产业县的乡镇交通要道、十字路口、村委中心、农业产业经营地及产业园等设立农担政策宣传牌超 600 块，发放宣传挂画 3 万余张、宣传折页 45 万份，范围覆盖全区 14000 多个行政村，持续打造农担"政策下乡"的长效宣传机制。

（三）取得的成效

自治区农业农村厅致力于用好用活农业"建档立卡"与信贷直通车平台，不断推动扩大农担政策覆盖面。截至 2024 年 4 月，通过农业"建档立卡"与信贷直通车累计向全区政策性农担机构推荐有融资需求的经营主体 9.3 万户，金额超 200 亿元，推动广西农担公司累计撬动 366.97 亿元支持广西农业产业发展，直接惠及农业经营主体 7.91 万户，其中重点支持蔗糖、生猪、果蔬等优势特色农业产业超 158 亿元，累计为农户节约融资成本超 8 亿元，切实缓解了全区农业经营主体融资难题，为农户带来实惠。

其中，2023 年全年组织召开"建档立卡"推荐会 129 场，全区向广西农担公司推荐"建档立卡"13374 户，金额 60.68 亿元，落地 6402 笔，金额 30.94 亿元；通过信贷直通车活动支持农业经营主体 7146 户，金额 30.19 亿元。广西农业信贷直通车推送户数在全国排名前五。广西农业"建档立卡"工作也获得了自治区党委的高度认可，2020 年，在自治区党委党史学习教育领导小组办公室组织的"我为群众办实事"实践活动基层案例评选活动中，广西农担公司《"建档立卡"切实解决农户融资难题》荣获优秀奖。2021 年，广西民族出版社将广西农担公司该案例编入《人民至上》书中。2022 年，《广西政担联合推进"建档立卡"精准助力乡村振兴》入选国家农担体系担保产品典型案例。

二　创新点

（一）"以拨改担"撬动，产业支持更精准

充分运用农业信贷担保工具的政策性定位、市场化运营特点，以农业"建档立卡"、信贷直通车为载体，从制度、机制、措施、考核、宣传等多方位推进。引导农业信贷担保机构围绕地方政府农业产业发展目标，大力支持龙头企业、产业带头人、致富带头人等关键主体，形成"政府推荐、农担撬动、银行支持"的引资入农合作模式。有效发挥农业信贷担保增信和市场托底作用，精准切入产业发展薄弱环节，助力全区农业产业高质量发展。

（二）"线上+线下"双融合，融资渠道更便捷

发挥信贷直通车的线上扫码便捷、易覆盖等优势，推进农业"建

档立卡"与信贷直通车融合互补。针对农户信用信息不完善、经营报表不规范、有效抵押物不足等问题,基层农业农村部门充分发挥摸底筛选作用,以线下盖章的形式补充推荐给广西农担公司,进一步拓宽农业融资申请渠道,提升全区新型农业经营主体建档覆盖率。通过将信贷直通车工作纳入广西农业信贷担保体系建设工作要点内容,在业务流程和任务考核上与农业"建档立卡"相互嵌入,大大提高了各地基层部门工作推广的积极性。

(三)"政担+N"多联动,支农机制更长效

政策性农业信贷担保是国家创新财政支农机制,引导金融资金投向农业,放大财政支农政策效应的重要举措。通过创新推动农业"建档立卡"与信贷直通车融合,以农业信贷担保为纽带,构建"政担+N"多联动协同支农机制,将有限的财政资金作为杠杆的"支点",撬动更多金融"活水"支持农业农村发展,实现财政资金循环高效使用,为构建财政和金融可持续、协同互补支农新局面提供成功实践借鉴。

三 应用价值

(一)高位顶层推动,打造多元支农的制度样板

发挥"推进广西农业信贷担保体系建设助推乡村振兴厅际联席会议制度"优势,从制度设计、责任落实、考核督导等方面构建了完善的工作指导体系。通过制定目标任务清单、明确成员单位工作职责及任务分工,强化工作考核、任务督导等,充分调动"政银担"各方在联动推进农业"建档立卡"与信贷直通车融合方面的主观能动性,形成多方合力协同支农模式,为创新金融支农模式提供案例参考。

（二）政府把关推荐，探索打通融资信息壁垒有力措施

充分发挥基层农业农村部门对当地"熟人熟地"的管理优势，精准快速识别农业经营主体融资需求。建立村委摸底调查、乡镇复核筛选、县级把关推荐的"建档立卡"业务推荐机制，及时将有融资需求的农户信息推荐给政策性农担机构，有效打破了乡村农户信息闭塞现状，提高了政策性农担机构的获客能力，国家农业信贷担保政策得到更好落地，普惠金融得到更广泛落实。

（三）"政策+市场"结合，完善政策落地见效"最后一公里"机制

利用农业"建档立卡"与信贷直通车融合渠道，引导农担机构重点聚焦地方农业产业发展，充分发挥政策性农业信贷担保机构可持续发展运营目标的导向作用，组建专业化经营管理团队，实现市场化运作，防范市场经营风险，撬动更多金融资金投入农业领域，有效解决资金有限、使用效益低、受众面窄等问题，实现农业政策资金的循环高效使用。

本文组织编写团队：广西壮族自治区农业农村厅
广西农业信贷融资担保有限公司
执笔人：刘青林、程美燕、杜英俊

创新烟叶产量保险　助力烟叶
产业高质量发展

开展政策性农业保险是全面贯彻落实党的二十大精神、践行服务"三农"宗旨、深入推进农业供给侧结构性改革的重要举措。国家金融监督管理总局贺州监管分局（以下简称"贺州金融监管分局"）聚焦辖区特色农业产业，密切关注烟农金融服务需求，通过创新金融产品、出台金融政策等措施持续优化金融服务，主动融入烟叶产业高质量发展大局，为"金融助力广西农业高质量发展"探索可复制、可推广的新思路。2023年，贺州在全国率先开展烟叶产量保险，助力烟叶平均亩产同比增长35%，亩产值同比增长28%，烟农户均收入同比增长51%，有效提升了农户的获得感和幸福感。

一　案例简介

（一）背景情况

1. 产量保险的定义

产量保险是指以农民的农作物产量损失作为保险标的（即保险对象）、以农作物实际产量低于合同约定产量作为保险事故（即保险金的给付条件）的一种财产保险。当多次发生保险责任范围内的损失时，按灾后实际产量与保险产量的差额赔偿。

2. 开展烟叶产量保险是助力地方乡村产业振兴的重要举措

贺州地处湘、粤、桂三省（区）交界处，光照充足、雨量充沛、生态优越、土壤富硒，是全国烟叶最适宜产区之一。20 世纪 90 年代，中国农业科学院烟草研究所考察后，称贺州烟区为"我国不可多得的优质春烤烟生产基地"，贺州作为广西重点烤烟产业建设与发展区，烟叶种植规模全区排名第二，烟叶产业也是贺州市重要农业支柱产业，2023 年，烟叶产业实现税利总额 5.81 亿元，上缴税金 4.63 亿元。种烟农户 782 户，户均收入 23.88 万元，日常用工规模超万人次。烟叶产量保险既有利于避免保险公司与烟农之间的矛盾纠纷、稳定烟农队伍，又有利于助力乡村产业振兴、推进贺州烟叶产业规模及质量持续提升，在支持地方经济发展、农民致富、财政增收等方面具有重要意义。

3. 开展烟叶产量保险是提升保险服务质效的有效途径

习近平总书记指出："供给侧结构性改革，说到底最终目的是满足需求，主攻方向是提高供给质量，根本途径是深化改革。"[1] 原有烟叶种植保险为烟叶发展提供了一定的风险保障，但是，运行多年后，已逐渐不能满足各方的保险保障需求。一是保障程度不高，农户满意度差。烟叶种植保险最高赔付标准为 1200 元/亩，但设定起赔点为损失 30% 及以上，实际最高赔付标准仅为 840 元/亩。据调研了解，农户平均每亩的种植成本在 3000 元，若完全损失，最高赔付额不足成本的 1/3，若损失在 30% 以下，则无法获得赔付，保险保障的作用不能得到充分体现。二是保障范围较小，不利于扩大再生产。烟叶种植保险对病虫害、旱灾均不列入承保范围内，一定程度上导致多年来贺州烟田主要集中在易于灌溉的水田，在缺乏充分有效保险保障的前提下，种植户通过增加旱地种烟面积进一步扩大再生产的意愿极低。三是理赔标准不一，导致矛盾多发。烟叶种植保险是以烟株损失的叶片数为依据进行查勘定损，但在实际操作过程中，有些烟田长时间受洪水浸泡，烟株根系已经受损

---

[1] 《深入学习贯彻习近平新时代中国特色社会主义思想｜把握宏观经济治理规律坚持供需双侧协同发力》，中国人民政治协商会议全国委员会网站，2024 年 1 月 29 日，http://www.cppcc.gov.cn/zxww/2024/01/29/ARTI1706508599571590.shtml。

坏死，表面上未成熟的叶片虽然没有萎蔫但已无采收价值，而在保险查勘时却往往不被定损。受查勘人员个人的专业知识、眼光标准、查勘时间等主客观因素影响，查勘定损结果多种多样，与农户期待存在一定差距，容易引发纠纷。

（二）主要做法

一是抓牢根本目标，从群众实际出发，夯实创新基础。立足于贺州作为广西重点烤烟产业建设与发展区，烟叶种植规模全区排名第二的产业优势以及农业金融服务难点痛点问题，贺州金融监管分局强化与贺州市烟草专卖局、金融办等部门协同，深入开展联合调研，着力精准破题，提升服务水平。贺州金融监管分局走近群众，虚心听取各方面意见，组织协调政府相关部门、烟草公司、保险公司开展座谈交流，以提升烟叶产量为目标，以问题为导向，研究解决思路。最终以不增加农户负担、转变保险保障方向、提升保障程度、助力产业兴旺为基本原则，经过保险方案设计、修改完善、政策协调等诸多环节近3个月反复研究调整，于2023年5月，推动贺州市烟叶主产区富川瑶族自治县率先出台《富川瑶族自治县2023年度烟叶产量保险工作实施方案》，推动烟叶保险转型升级。

二是突破信息壁垒，从产业需求出发，丰富创新内涵。贺州金融监管分局在提出借助烟草公司购销闭环管理的优势，打通烟叶产业管理和金融支持政策的信息壁垒，创新开发烟叶产量保险产品的基础上，结合烟叶产业高质量发展需求，联合贺州市烟草专卖局印发《贺州市"政银保担"四位一体支持烟叶高质量发展和现代化建设行动方案》，与各方推动产业政策和金融政策贯通协同发力，实现产业信息和金融信息无障碍交流，达到政府政策指导、银行信贷支持、保险风险保障、担保风险分担的金融快速响应支持实体经济效果。全面优化烟叶产业金融服务流程，推动烟叶专业合作社与保险公司、银行机构和农担公司建立"四位一体"合作机制，发挥农业保险保单融资增信功能，形成"见单即贷"协作机制，以产业推进的形式降低农业贷款门槛，盘活农业保单资源，助推银行机构释放更多信贷额度。截至 2023 年末，辖区银行机构烟叶类贷款余额 7926 万元，累计授信 3.5 亿元，有效满足了烟农信贷需求。

三是强化政策宣传，从成果转化出发，提升创新知晓率。贺州金融监管分局联合贺州市烟草专卖局、贺州市农业农村局等先后举办烟叶产量保险全国首单签约仪式、烟叶产量保险理赔仪式暨金融支持烟叶产业发展推进会，持续夯实烟叶产量保险发展基础。及时制作宣传材料，指导保险公司联合贺州市烟草专卖局各县域乡镇下辖机构将宣传材料发放到户，提高政策的知晓率及普及率，2023 年，烟叶产量保险保障覆盖全市烟叶种植面积超 97%。充分利用各类新闻媒体、网络平台加大宣传力度，贺州金融监管分局推动全国首单烟叶产量保险落地等工作先后获人民网、金融开放门户和自贸试验区工作简报宣传报道。

（三）取得的成效

一是助力烟叶成为村民增收的"黄金叶"。烟叶作为统购统销的经济作物，农户的收益主要来源于最终产量。烟叶产量保险以最终烟叶产量为理赔标准，在推动种植技术规范化、灾后救助等方面具有显著优势，在一定程度上可以倒逼农户不断提升种植水平，进而提升整体收益。随着烟叶产量保险的宣传和推广，农户烟叶种植积极性进一步提高，2023 年，烟叶产量保险承保面积达 3.99 万亩，同比增长 47.78%，保险保障覆盖全市烟叶种植面积超 97%。2023 年，烟叶平均亩产同比增长 35%，亩产值同比增长 28%，烟农户均收入同比增长 51%，并带动近万名群众就近务工，为当地农民带来了真切实惠。

二是使烟叶种植成为村民就业的"稳定器"。烟叶种植生产环节多、工时多，种植成本较高，对气候条件要求高，从种植、采摘到烘烤都面临较多风险，农户怕亏本，种植积极性不高。烟叶产量保险不仅将保额提高至 1600 元/亩，较传统烟叶种植保险保额有所增长，同时以产量为核赔标准，保险保障涵盖了烟叶从种植到烘烤的全流程。截至 2023 年末，烟叶产量保险推动种烟农户同比增加 15%，极大程度地发挥了农业保险"稳定器"作用，对于增强烟农风险抵御能力、稳定烟农收入、降低烟农亏本预期、提高烟农种植积极性具有显著作用。

三是协同主管部门增强村民种植的"规范性"。烟叶种植具有较高的专业化要求，少数农户基于成本及侥幸心理，对部分种植技术要求落实不到位，导致减产较多。烟叶产量保险以产量为核赔标准，在条款设计时充分考虑主管部门推广烟叶种植技术规范化要求，引入《烟农手册》部分规范性要求作为免责条款，推动农户主动落实烟技员技术指导，助力蚜茧蜂防治蚜虫技术推广面积全覆盖，盖膜率达 95.2% 等，持续提升农户烟叶种植技术水平，助力烟农增产增收。

四是实现产量保险理赔体系"标准化"。传统烟叶种植保险是以烟株损失的叶片数为依据进行查勘定损，易受查勘人员个人的专业知识、眼光标准、查勘时间等主客观因素影响。烟叶产量保险查勘定损则以烟叶产量为依据，烟叶产量保险的开发和赔付均与全国烟叶收购系统对接，依托烟叶收购系统的闭环管理，科学测定产量标准，有效解决传统产量保险主要存在的产量测定不够权威、准确和完整等问题，提升赔付客观公正性和效率，简化理赔流程手续，减少理赔纠纷。

二　创新点

（一）首创烟叶产量保险产品，推动保险业供给侧结构性改革

烟叶产量保险为创新型保险产品，在无参考无经验的情况下，结合贺州烟叶的实际，紧扣"在有限的资源下达到亩产高值"的核心目标，

首创了全国首个烟叶产量保险的示范条款。烟叶产量保险不仅实现了保障范围从保成本到保产量的升级，更实现了理赔方式从受灾现场"数叶子"到收购后"核数据"的升级，从源头上破除了传统种植保险理赔时效差、人为道德风险高、防灾防损减灾难以形成合力的瓶颈，具有地方特色且对全国其他地区烟叶保险形成示范效应。

（二）创新保险和产业合作模式，解决传统产量保险"测不准"难题

在产量测定方面，传统产量保险由于缺乏公正、合理、有效的方式，产量测定存在不够权威、准确和完整等问题，创新扩面难度大。烟叶产量保险与全国烟叶收购系统对接，全国烟叶收购系统以闭环管理方式运行，数据完整、准确、公正，烟叶产量保险的开发和赔付均以全国烟叶收购系统数据为标准，实现产量保险理赔体系标准化，有效解决传统产量保险"测不准"问题，为下一步复制推广打下坚实基础。

（三）构建产业与金融协同机制，实现金融政策与产业政策的贯通

建立高效协调联动机制，打通金融政策和烟叶产业政策信息壁垒，在保险承保理赔、贷款支持等金融服务全过程实现沟通协调、政策衔接、信息共享、数据收集核对等无缝对接，将烟叶种植的全流程规范化管理有效转化为全产业链综合金融服务的闭环管理，全面优化烟叶产业金融服务流程，推动烟叶专业合作社与保险公司、银行机构和农担公司建立"四位一体"合作机制。将烟叶购销数据和保险理赔信息、贷款信息衔接共享，推动烟农主动授权将烟叶收购结算款和理赔资金优先用于支付贷款，实现贷款资金闭环管理，为形成可持续发展、风险可控、各方共赢的合作模式夯实基础。

三　应用价值

（一）为地方特色农产品开展产量保险提供贺州经验

传统产量保险由于缺乏统一的产量测定来源，存在产量测定不够权威、准确和完整等问题，产量保险的核心要件存在瑕疵，难以有效推广实施。烟叶产量保险通过与全国烟叶收购系统对接，保障了烟叶产量数据的准确性和完整性，为烟叶产量保险的开发及落地提供了必要保障，提供了"保险+第三方"的解决方案，为其他经济作物农险提供了创新思路和发展空间。

（二）为政银保合作服务农业发展助力产业兴旺提供经验借鉴

基于烟叶产量保险相关数据的完整、可靠，以烟叶种、产、收信息为基础，可以有效发挥烟叶信息对金融服务的支撑作用，同时烟叶产量保险为烟农融资增信提供了更充足的保障。其充分体现了产业政策和金融政策贯通协同发力的效果，打通了烟叶产业管理和金融支持政策的信息壁垒，完善了对接机制，有效把烟叶种植的全流程规范化管理转化为全产业链综合金融服务的闭环管理，将为构建金融支持辖区其他特色产业体系提供经验借鉴。

（三）为运用保险工具助力农产品质量提升提供贺州方案

一般农业保险仅为农业生产过程中受到的自然灾害提供保障，对农产品的质量低下缺乏足够的支持。贺州金融监管分局在推广烟叶产量保险过程中，充分加强与相关方的沟通协调，了解主要规范性种植技术要求对烟叶成品的影响程度，将专业意见纳入保险条款，倒逼农户提升种植水平，着力提升农产品质量，为其他农业保险助力农业产业高质量发展提供借鉴方案。

本文组织编写团队：国家金融监督管理总局贺州监管分局

执笔人：黄素霞、李聪、胡志武

推动"五位一体"跨境金融服务创新

　　打造高质量的跨境金融服务体系，是贯彻落实习近平总书记和中共中央、国务院决策部署的必然要求。2019 年，国务院办公厅印发《关于促进边境贸易创新发展的指导意见》，明确将边民互市进口商品范围扩大至周边国家，广西边民进口东盟国家的商品可适用边民互市贸易税收政策。2021 年 11 月，习近平在第四届中国国际进口博览会开幕式上宣布："推进边民互市贸易进口商品落地加工，增加自周边国家进口。"① 2023 年 12 月 12～13 日，国家主席习近平应邀对越南进行国事访问，双方发表《关于进一步深化和提升全面战略合作伙伴关系、构建具有战略意义的中越命运共同体的联合声明》（以下简称《声明》）。《声明》明确指出，要"继续加强两国央行、金融监管部门交流合作。发挥好两国金融与货币合作工作组作用，旨在推动两国货币合作"。2023 年 12 月 18 日，广西壮族自治区人民政府办公厅印发中国（广西）自由贸易试验区北海、防城港协同发展区总体方案，其中防城港片区方案正式将东兴口岸二桥片区、高铁新区片区、冲榄工业园片区、江平工业园片区、东兴边民互市贸易区片区纳入防城港协同发展区，提出"在复制推广中国（广西）自贸试验区改革创新经验基础上，结合实际开展差异化再创新，形成防城港协同发展区独具特色的改革创新成果"。

---

① 《习近平在第四届中国国际进口博览会开幕式上的主旨演讲（全文）》，中国政府网，2021 年 11 月 4 日，https://www.gov.cn/xinwen/2021-11-04/content_ 5648892.htm。

一 案例简介

（一）背景情况

2023 年 2 月 21 日，作为中越边境线上最繁华的口岸之一，广西东兴口岸恢复正常客货运通关。经贸往来迅速增长，边境游日益火热。边境贸易金融服务与供给质量承压，市场面临五大痛点。一是边境贸易肩负扩大沿边开放等国家战略任务，却长期低效发展。二是金融领域绿色低碳跨境合作仍处空白，落后于中越可持续发展理念。三是峒中一类口岸成为对外开放新通道，跨境金融服务明显承压。四是金融机构跨境沟通合作不够完善，滞后于中越经贸合作。五是人民币/越南盾离在岸汇率割裂，无法满足市场主体结算避险需求。此时亟须通过全面创新，重塑跨境金融服务体系。

中国人民银行防城港市分行、防城港市商务局始终深入贯彻落实推动中越两国货币合作、服务边境贸易创新发展要求，充分发挥桥头堡优势，不断丰富跨境金融服务内涵，加大金融改革创新力度，围绕建设"贸易投资便利、金融服务完善、辐射带动作用突出"的自贸试验区协同发展区，加快建立"绿色+便利+协调+合作+共享"的"五位一体"跨境金融服务新体系，全面支持国家开放发展战略。重点是以绿色低碳为理念、以结算便利为核心、以协调发展为驱动、以市场拓展为重点、以合作共享为支撑，孵化了五大创新成果。

（二）主要做法

打通新型互市贸易采购代理人付汇通道。2022 年广西壮族自治区政府创新开展海运边民互市贸易试点。有别于传统边民互市贸易，广西海运边民互市贸易创新引入外贸进出口企业作为"采购代理人"参与交易并负责结算，进口报关仍由"边民"完成，由此产生报关主体与付汇主体不一致的问题。为支持广西边民互市贸易多元化、规范化发展，在总结吸取 2022 年海运边民互市贸易采购代理人跨境人民币付款业务试点前期经验基础上，顺应经常项目真实性审核"实质重于形式"的改革方向，研究谋划边民互市贸易进口商品落地加工试点（即"新型互市贸易"）采购代理人付汇业务。按照"严把关、定规范、抓闭环、防风险"的管理思路，起草可行性研究报告、业务请示及展业规范，研究设计跨境资金监测核查方案。2023 年底，广西正式获批成为首批取得新型互市贸易采购代理人付汇业务试点资格的地区。

首创"零碳"人民币/越南盾双币调运。积极响应国家"双碳"目标，设立"零碳"跨境金融工作专班，联合地方政府、辖区银行举办中国东兴—越南芒街"零碳"现钞跨境调运活动，通过四川联合环境交易所抵消押运车运行过程中产生的碳排放，实施"零碳"认证并获碳中和荣誉证书。通过构建"零碳"人民币/越南盾双币调运机制，常态化开展人民币回流、越南盾入境的现钞合作，有效满足边境地区现钞流动性管理需求。搞好"拉郎配"，引导个人本外币兑换特许机构与调钞银行开展同业调剂小币种业务。依托广西数字人民币试点优势，推动兑换机构支持游客使用数字人民币兑换越南盾现钞，提供更快捷、更干净、更低碳的换汇体验，以数字人民币加持"绿色特性"。

提供东兴—峒中边境银行"飞地结算"模式。广西防城港峒中口岸（含里火通道）是西部陆海新通道的重要陆路通道，2023 年 9 月获得国家验收成为一类口岸。长期以来，由于地处偏远、交通条件一般，口岸周边金融服务缺失，所在乡镇均没有办理跨境结算的银行网点，须前往几十公里外的东兴市银行网点提供纸质单证和现场签字，来回约 3 个小时，业务办理费时费力。结合当地边境贸易发展趋势，坚持问题导向，研究提出当地银行与周边地区涉外银行合作共同办理跨境结算的"飞地结算"模式，相互约定手续费共享、单证审核共认，由客户跑腿变银行间单证传递，实现峒中口岸的贸易主体就近结算。

提出跨境人民币在越常态化落地路径。组织边境地区银行与在越中资银行，共同开展人民币在越南使用情况调研，形成《人民币在越南使用的调研报告》，获得中国人民银行总行等充分肯定。积极推动调研成果转化，深入分析越南外汇管理政策①，紧紧抓住新时代中越全面战略合作伙伴关系迈上新台阶的有利时机，引导辖区的边境银行与在越合作银行充分运用19号文第12条政策，推动越南企业在边境地区开立人民币账户收款或转汇款，满足越南企业办理人民币结算需求，降低中国贸易主体汇兑成本，实现人民币在越南境内落地结汇，真正实现人民币"走出去"。

构建中越金融机构互访合作备案机制。为全面提升中越金融机构互访合作质效，牵头辖区涉外银行共同建立三大工作机制。一是建立对越监测分析机制，召集熟悉越南语和国际金融专业知识的人才组建监测队伍，按月开展对越监测分析，为中国人民银行总行开展跨境金融合作、加强政策沟通提供支撑。二是建立对越金融业务合作机制，支持辖区银行围绕本币结算、反洗钱、反假币、跨境调钞等领域，重启或续签合作协议，推动设施联通、贸易畅通和资金融通。三是建立中越金融机构沟通交流机制，每年年初指导金融机构制订年度与越南金融机构互访交流计划，定期跟踪落实情况，为增进双边金融友好奠定基础。

（三）取得的成效

服务更优质。充分满足了中越居民出境用钞需求。2023年，辖区银行率先在全国恢复跨境调钞业务，全年累计以"零碳"方式跨境调运229.2亿盾越南盾及50万元人民币；个人本外币兑换特许机构合计办理兑换业务11991笔，总金额折合208.02万美元。为中越之间旅游、

---

① 越南国家银行颁布第 19/2018/TT-NHNN 号通知《越南—中国边境贸易外汇管理指引》（简称"19号文"），其中第12条政策允许开展人民币转汇款业务，即非边境地区的银行将人民币结算业务委托边境银行，以满足非边境地区的越南企业人民币结算需求。

留学、公务访问、探亲访友提供充足的外币现钞。贯彻了碳达峰碳中和理念，"零碳"跨境金融合作受到中越金融机构的欢迎和支持，面向两国游客传播绿色环保低碳理念，以"绿钞"兑换助力"零碳"出游。构建了边境调钞合作长效机制，形成两国现钞服务"流出—流入—兑换"的良性循环圈，标志着双边金融合作更加成熟，为周边国家与我国开展跨境金融业务树立良好典范。

币种更灵活。支持新型互市贸易突破"谁进口谁付汇"的一般适用原则，满足采购代理人支付多币种需求，既顺应了经常项目真实性审核"实质重于形式"的改革方向，也是有序推进本外币一体化融合发展的有益探索。将有效弥补边民在租用国际货轮和集装箱、办理国际结算等方面存在的"先天不足"。按照业务发展趋势，未来边民互市商品种类和来源国将不断扩大，预计新型互市贸易外汇结算将撬动年均进口25亿元人民币。2024年4月10日，防城港某公司代理上百位边民从缅甸采购7万美元冻鲳鱼，并对外支付首期货款1万美元，标志着全国首笔新型互市贸易采购代理人付汇业务顺利落地，成功为边境贸易新业态打造外汇结算新样板。

结算更便利。成功推动峒中镇所在地的A银行，与在东兴市开办多年跨境业务的B银行合作，安排A银行峒中网点代为收取相关纸质单证（含签字单证）并核对真实性，集中统一送达B银行网点，利用银行的内部业务系统实现边民互市贸易单证的电子化传输，有效解决峒中口岸开通后无可办理跨境结算的银行网点、边民等贸易主体必须前往东兴办理结算的难题，该模式直接惠及1万余名边民个人。

成本更低廉。引导辖区某银行与越南某银行开展人民币在越南境内落地结汇试点，该模式既可以满足越南内陆地区企业使用人民币结算、越南边境地区企业持有人民币头寸以及享受越南境内更优惠的结汇汇率等需求，又能够有效降低我国边境地区贸易主体的兑换汇差、汇率波动所带来的财务成本，2023年，辖区某银行与越南某银行累计办理人民币越南落地结汇超 1500 笔，金额 13.37 亿元，为防城港市辖内市场主体降低汇兑成本合计约 312 万元，占同期防城港边贸结算总额的 26.24%。越南某银行的市场份额由 2022 年的 1% 跃升至 27%，排越南各边境银行首位。

合作更紧密。《越南经济金融监测分析报告》成为中国人民银行总行固定刊发的内部刊物，为高层决策提供更丰富及时的信息参考。在中越金融机构互访合作备案机制指导下，截至 2023 年底，辖区 8 家银行与越方银行签订或续签跨境结算合作协议，2 家银行与 4 家越方银行签订跨境调钞合作协议，6 家银行与越方银行签订反假币、反洗钱等合作协议。全年累计 6 家银行与越方银行开展线下互访或线上交流。

二　创新点

打造"零碳"双边本币跨境调运的新模式。围绕碳达峰碳中和的目标，持续加大绿色金融保障和支持力度，切实加强"零碳"概念在跨境金融服务中的创新运用。精心设计双边现钞"出得去、回得来"闭环线路，联合当地海关、边检、口岸管理部门调度配合，为押运车、钞票及银行人员出入境开通绿色通道，双边银行、兑换机构、押运公司紧密协助，共同保障"绿钞"顺利通关入境。

推动边民互市贸易首次进入全币种结算的新阶段。全国首创三项边民互市贸易便利化金融服务。一是将海运边民互市贸易升级为新型互市贸易，支持进出口企业代理边民对外签订进口合同和付汇。二是支持新型互市贸易模式下，突破"谁进口谁付汇"政策要求，允许付汇主体和进口主体不一致。三是支持新型互市贸易模式下，进出口代理企业可根据需要使用各类币种结算。

打通境内外人民币/越南盾汇率落地的新渠道。在不改变现行政策背景下，充分运用 19 号文第 12 条政策，推动人民币越南落地结汇，能够有效助力人民币在越南使用。同时，利用东兴—峒中边境银行"飞地结算"新机制有效缓解边境地区金融服务缺失问题，推动再造一个"东兴边民互市贸易区"。此外，依托全覆盖的中越金融机构沟通合作的新平台，持续深化双边交流互访，有效推动中越边境地区银行创新更多贸易结算合作模式。

三　应用价值

防城港市作为与东盟国家海陆河相连的门户城市，是中国国家港口型、陆上边境口岸国家物流枢纽承载城市。2023 年防城港市 GDP 实现1035.61 亿元，首次突破 1000 亿元大关，增长 8.6%，增速排全区第一，连续三年保持全区前三；外贸进出口总额突破 1000 亿元，为 1002亿元，外贸进口额突破 900 亿元，排全区第一。边民互市贸易总额增长171.4%，保持全区首位，占全国四成、全区六成。在广西东兴产业园区纳入国家沿边临港产业园区重点规划，获批设立中国（广西）自贸试验区协同发展区、中国—东盟产业合作区防城港片区的背景下，跨境金融"边"的特色日益突出。以打造"五位一体"跨境金融服务集成体系为战略抓手，加强开放平台创新发展，深度融入共建"一带一路"，积极服务构建更为紧密的中国—东盟命运共同体和具有战略意义的中越命运共同体，全力以赴推进面向东盟的金融开放门户 2.0 建设，为防城港涉外经济高质量发展贡献更多金融力量。

打造辐射全国的越南盾现钞供应网络。依托具备现钞调运资质银行与个人本外币兑换特许机构合作，打造全国越南盾现钞主要供应机构与集散中心，向全国各家具有外币现钞需求且持有外汇经营许可证的金融机构、兑换特许机构提供越南盾现钞批发与调运服务，进一步满足国内市场越南盾流动性管理需求。支持个人本外币兑换特许机构拓展业务广度，在边境三市八县全面布局越南盾现钞兑换服务体系，并强化数字人民币等线上服务渠道支持，充分满足赴越与来华人员的外币兑换需求，积极助力边境地区商贸与消费环境建设，优化越南盾现钞兑换体验。为携手推进绿色可持续发展、构建具有战略意义的中越命运共同体做出积极贡献。

充分打通传统边民互市贸易三大堵点。新型互市贸易采购代理人付汇业务的办理对象从边民个人转变成企业法人，解决了传统边民互市贸易中边民主体的合规意识不强、银行单证真实性审核难的问题，使得边民互市贸易结算更加规范、更可持续。一是降低参与门槛，解决边民海外业务拓展能力不足、外商顾虑边民结算资金风险的问题。创新性地引入具有进出口资质的涉外企业作为采购代理人参与到交易和结算环节，由其协助边民完成交易并负责跨境资金结算，通过专业化的分工合作提升边境贸易竞争力。二是打破地域障碍，解决落地加工产能利用率不足、越南货源相对单一问题。三是打破政策瓶颈，解决采购代理人付汇道路不畅问题。目前，越缅菲边境地区及其他东盟国家因脚底成本较高，使用人民币结算需求不足贸易规模的 40%。允许采购代理人使用外币结算，将充分满足采购代理人多币种支付需求。

深化与越南跨境金融交流合作，稳步推进双边货币合作。每年年初指导金融机构制订年度与越南金融机构互访交流计划。持续健全中越金融机构合作对话机制，搭建全国首个境外中资银行境内定期交流机制，以及搭建业务合作种类最全、交流最频繁的对越金融业务合作机制，依托现有机制邀请在越中资银行、多家境内外商业银行、跨境清算公司等就区域本币结算便利化及支付互联互通发展进行深入交流。强化金融交流对实体经济的服务作用，持续互通双边金融政策、产品，促进两国企业间的商务合作，有效增进彼此了解互信。

本文组织编写团队：中国人民银行防城港市分行

防城港市商务局

执笔人：廖春、陆信宇、张永丽

探索"1+6"乡村金融强农惠农富农模式助力广西乡村全面振兴

民族要复兴，乡村必振兴。习近平总书记在中央金融工作会议上强调："加大对乡村振兴的金融投入，支持牢牢端稳粮食饭碗、服务乡村产业发展、促进农民增收致富。"① 作为目前广西资产规模最大的城商行，桂林银行股份有限公司（以下简称"桂林银行"）认真贯彻落实习近平总书记关于金融工作和乡村振兴的重要论述，紧紧围绕国家关于城商行"服务地方经济、服务小微企业、服务城乡居民"的三个市场定位，把握铸牢中华民族共同体意识"1"条主线，完善渠道进村、人员下村、资金入村、产业旺村、产品出村、治理兴村"6"项举措，让金融服务下沉与乡村治理、基层组织建设紧密结合，促进信贷资源和基础服务向县域、乡村拓展延伸，探索形成一套兼顾社会责任和商业可持续的"1+6"乡村金融经验做法，构建起要素集成、开放融通、合作共赢的"金融+"生态圈，加快助推广西实现乡村全面振兴和农业农村现代化。

一 案例简介

（一）背景情况

全面推进乡村振兴、加快建设农业强国，是党中央着眼全面建成社

---

① 《深化金融体制改革（学习贯彻党的二十届三中全会精神）》，人民网，2024年8月28日，http://theory.people.com.cn/n1/2024/0828/c40531-40307629.html。

会主义现代化强国做出的战略部署。《广西壮族自治区建设面向东盟的金融开放门户总体方案》提出，支持中国与东盟在文化旅游、农业、交通、信息通信、能源、教育、康养、气象等重点领域合作。金融是乡村振兴的血液，是实现开放合作的重要支撑。习近平总书记在 2017 年中央农村工作会议上强调，要强化金融服务方式创新，提升金融服务乡村振兴能力和水平。[①] 党的二十大报告提出，健全农村金融服务体系。金融服务乡村振兴是坚持以人民为中心价值取向的必然要求，是推进金融供给侧结构性改革的内在要求，是丰富广西建设面向东盟的金融开放门户内涵的现实需要。

广西是全国重要粮食产区和产销基本平衡区，是全国有名的"糖罐子""菜篮子""果盘子""肉案子"。近年来，广西在东盟试种蔬菜、水稻等优新品种 750 多个，累计在东盟示范推广面积超过 400 万亩，与东盟各国一道，推进农业农村现代化，增加了双边农业等各领域投资、融资需求。因此，金融服务乡村振兴，是服务广西加快"一区两地一园一通道"建设的现实需要、使命需要，有利于夯实农业农村现代化基础，进一步助力广西与东盟的开放合作。2019 年 10 月，桂林银行确立了做"服务乡村振兴的银行"的战略定位，逐步构建起一套乡村金融的制度和文化体系，近年来，累计向乡村振兴领域投放贷款超 3500 亿元，为实现共同富裕注入金融活水、强劲动力，成为唯一连续 3 年在广西金融机构服务乡村振兴考核中获评优秀的商业银行。

（二）主要做法

1. 推动渠道进村，紧密连接城乡的金融网络

以较低成本铺设进村入户"直通管道"，推动金融服务网点融入城

---

① 《金融服务乡村振兴的新思路新视角》，"光明网"百家号，2023 年 4 月 15 日，https://baijiahao. baidu. com/s? id = 1763205071522357029&wfr=spider&for=pc。

乡社区，构建"市—县—乡—村"四级服务网络，在乡镇设立小微支行，作为县域支行和服务点的支撑纽带，按照"1+3"人员配备"三农"客户服务团队，实行轻资产运营；在行政村把普惠金融综合服务点直接建在农民家中，加载基础金融和社保代缴、养老保险资格认证等近30项公共便民服务，办好民生实事和公共事务。

2. 推动人员下村，建强扎根乡村的服务队伍

打破传统厅堂"坐等"服务模式，桂林银行出台《"三农"客户经理管理办法》《"兴星计划"乡村振兴金融储备人才培养实施办法》等10多项制度政策，持续引进本地籍贯的金融人才，逐步增强一线工作力量。引导全行工作和业务重心下沉农村，总行领导坚持每月下乡进村调研，分行行长、副行长每周到村工作不少于2天，县域支行行长每周到村工作不少于3天，带动全行5400多名员工"上山下乡"，针对农民"日出而作、日落而息"的劳动习惯，提供夜间、预约、上门等人性化服务，让群众少跑路或不跑路。

3. 推动资金入村，汇聚强农富农的金融资源

发行总计100亿元的"三农"专项金融债券，吸引基金公司、证券公司等广西区外投资者实现"引资入桂"，运用募集资金累计发放涉农贷款5686笔，涉及金额325.69亿元。摆脱对数据、报表和抵押物的过度依赖，根据农村"熟人社会"的特点，实行服务点站长推荐机制，破解农村信息、信用不对称困局。降低农户贷款门槛，不强调抵押担保，基本做到当天申请、当天审批、当天放款。

4. 推动产业旺村，带动富民产业持续发展壮大

根据乡村产业发展的特点设计信贷产品，向新型农业经营主体、返乡人员等提供就业创业的"第一桶金"，支持蔗糖、六堡茶等72种特色农业产业，打造服务乡村振兴示范点（区）556个、信用村（镇）143个，支持40个"桂字号"农业品牌建设，让众多乡村特色产业得以持续经营、发展壮大。在南宁市武鸣区府城镇永共村，累计向农户提供贷款

305 笔、授信金额 1650 万元，每 10 个大棚就有 8 个为桂林银行支持。

5. 推动产品出村，畅通城乡产业经济循环

依托农村服务点收集农产品一手信息，搭建 60 多个"乡村振兴直播间"，通过"桂银权益平台"App 和"天天开心团"平台，打造"银行+商户+农户"的农产品上行模式。推广"乡村大篷车"活动，推动社区金融与乡村金融相融合，与社区党组织共建社区金融品牌，以邀约"赶圩"和"一村一品"团购等形式，举办"发现家乡美·乡村大篷车"活动，组织当地龙头企业、商户等参与，打造"一村一物一圩"助农销售模式，为农特产品搭建销售平台、拓宽销售渠道。推广外贸订单融资，将票据结算工具引入对外贸易，支持 60 多种广西农特产品远销欧洲、澳大利亚、日韩等地区和国家。

6. 推动治理兴村，促进公共服务和资源向乡村延伸

桂林银行依托农村普惠金融综合服务点及助农终端，与 30 多家机构合作，协同打造农民家门口的"智慧服务圈"，推动公共服务"在村优享"，让农民在家门口即可办理社保缴纳及查询、社保待遇领取资格认证、医保缴费等社保、医保业务，同时加载"智慧医疗"功能，足不出村即可实现"预约挂号""医疗查询""续方取药""视频问诊"等智慧医疗服务，引入就业创业、红十字救助等专项服务资源，进一步实现门前就业、门前就医、门前创业。

（三）取得的成效

1. 立足"熟人社会"，破解传统农村金融"贷款难"

与村"两委"、涉农经营主体、广大农户建立紧密联系，构建起具有中国特色的"乡情"关系和"互信"机制，有利于农户"获贷"与银行"获客"。自 2023 年 6 月以来，累计向 14.05 万户农户投放贷款 149.41 亿元，贷款户均授信 8.10 万元，户均用信 6.27 万元。截至 2024 年 6 月末，普惠型涉农贷款余额 154.13 亿元，其中单户授信 100

万以下的贷款 64.75 亿元，占比 42.01%；单户授信 10 万元以下的贷款 30.10 亿元，占比 19.53%。

2. 降低贷款成本，破解传统农村金融"贷款贵"

根据农业生产的季节性、周期性特点，推出"一次授信、三年有效、随借随还、按日计息"的信贷模式，破解了农民"贷款贵"难题。种植大户莫某，种植月柿面积 30 亩，分别向某涉农金融机构和桂林银行各贷款 10 万元。前者贷款采用固定利率，年利率为 4.18%（要求贷款全部用完，且额度不循环），每年利息 4180 元，同时需绑定购买种植保险 1400 元，资金成本 5580 元/年。后者的贷款年利率为 5.50%，表面上比前者高 1.32 个百分点，实际上莫某每年只在 3~10 月用款，月柿成熟销售后（11~12 月）随即还款，每年使用资金只有 8 个月，且不需绑定购买相关农业保险。因此，同为 10 万元贷款，在桂林银行的贷款成本为 3667 元/年，与某涉农金融机构相比，降低成本 34.28%。

3. 灵活设点建站，破解传统农村金融"成本高"

传统金融机构乡镇营业网点保守测算运营成本 360 万元，桂林银行乡镇小微支行不设现金柜台，建设成本约为同业的 35%，网点盈亏平衡点比传统金融机构更低。传统金融机构农村普惠金融综合服务点的建设成本为 5 万元左右，桂林银行在村民家中设立服务点，节约了建点、房租、水电、人工、现金押运等费用，不支付基本费用，不承担水、电、房租、固定薪酬等成本，不存在现金押运，每个站点投入 0.7 万元配备助农终端机具。按照目前近 7000 家服务点计算，可有效节约村屯网点建设成本。

二　创新点

（一）建立了互嵌融合的渠道运行机制

桂林银行围绕城乡街道、社区、小区等治理单元建设服务网络，该服务网络作为完整社区、互嵌式社会结构的组成部分，发挥金融网点场所、人员等组织优势，推进"党建+金融"服务，广泛联合基层党组织开展"我为群众办实事"、主题党日活动，利用传统节假日和站点周年庆典，协同基层党组织开展广场舞大赛、村BA、趣味游园、牛娘戏等文化活动，增强基层治理活力，用基层群众通俗易懂的语言、生动形象的表达、喜闻乐见的方式，宣传党的理论政策，普及金融知识，进一步增强了基层党组织的组织力、影响力、号召力，打造坚强战斗堡垒。

（二）建立了适应农村特点的信用评价标准体系

传统金融的信用评级体系是针对工商企业特点来设计的，其评价标准主要是通过借款人的职业、家庭、财产等情况，综合衡量借款人的信用等级，与我国农村的生产、生活特点和运作方式不相适应。桂林银行基于传统的农耕文化，从乡村治理特点出发，依托村民自治体系，把农民的家庭情况、生产经营、民间纠纷、民间债务、社会关系等方面信息，作为农户贷款主体画像的关键指标，把其他村民对贷款农户的个人品行、不良嗜好等评价作为信用评价参考，重塑传统金融信用评价标准，真正解决了传统金融信用评价标准在乡村市场水土不服的问题。

（三）建立了风险源头把控的识别机制

服务点站长依托村内的广泛人脉关系，做好贷款源头审核、信息把控和贷后监督，让亲缘化关系和村规民约的道德约束机制转化为农村信用内部劝诫机制、监督机制，配合大数据分析、云计算等现代金融科技手段，精准识别各类潜在风险隐患。截至2023年末，涉农贷款不良率1.16%，低于全行各项贷款不良率0.50个百分点，低于全国商业银行不良贷款率0.43个百分点，低于全国农村商业银行不良贷款率2.18个百分点。

（四）建立了联农惠农的金融服务场景

在不花费财政资金的情况下，服务点智能化助农终端机具有链接社保、医保等功能，吸纳自治区包含退役军人事务厅、人力资源和社会保障厅在内的公共服务资源，搭建"红十字博爱驿站""消防宣传服务站""退役军人就业创业驿站"等子平台。截至 2023 年，累计办理了1149 万笔社保、医保、惠民惠农补贴等业务，金额超 430 亿元；开展3 万余场各类招聘活动，参与人数近 20 万人次；累计举行各类文化和金融知识下乡活动 12 万多场，惠及村民超 650 万人次，实现"资源跟着站点走、群众围着站点转"。

三　应用价值

（一）为商业银行立足地方特色化经营提供新借鉴

广西是农业发展重点省份，乡村金融需求旺盛。桂林银行下沉农村，推进特色化经营、差异化服务，既提高了乡村金融服务质效，也打开了自身发展空间，更带动市场形象、商业价值、品牌价值和社会影响力不断提升，成为广西首家迈入中型商业银行之列的城商行。2022 年 9月末，桂林银行完成增资扩股，配股募集资金 101.61 亿元，创下国内此前 5 年非上市银行获准发行新股最多、单次配股募集资金最多、参与配股股份占总股本比例最高，以及广西金融机构有史以来单次发行新股最多、募集资金最多等多项纪录。截至 2023 年 10 月末，全行利用 3 年多时间累计补充资本 201.87 亿元。

（二）为金融助力强农惠农富农探索新路径

桂林银行围绕做好"土特产"文章、培育农业品牌和产业集群，注重从产业链供应链的角度，而不是从单一农户或企业的角度，进行产品设计与服务创新，深度介入县域经济和产业链的各个环节，实现从碎片化支持到系统性扶持的转变，着力从根本上解决链条上小微企业、种养殖户"融资难、融资贵"的问题，撬动更多金融资源支持县域经济和乡村产业发展，助推乡村发展动力从"外部输血"型向"内部造血"型转变。

（三）为解决基层治理"小马拉大车"问题开辟新思路

桂林银行通过提供平台化服务，促进各类公共资源和公共服务下沉乡村，在推动乡村治理中发挥积极作用。通过"金融+数字"平台，链接各类资源，协助政府部门、群团组织、公益机构、社会组织、商业组织等各类治理主体下沉服务，助推各类服务和治理资源向乡村延伸，不断丰富乡村治理资源。帮助农民提高金融素养、增强诚信意识，改变了农民的经济地位和精神面貌，促进农村群众加强自我管理、自我教育、自我服务，培育了一大批新农人，使之成为基层党组织的后备工作力量。引入"道德积分"激励机制，营造"以信换贷"生态，营造农民"知信、重信、用信、守信"的诚信氛围。

本文组织编写团队：广西壮族自治区财政厅

桂林银行股份有限公司

执笔人：甘日栋、崔志宏、郑睿蓉

探索并表有限合伙创新投行模式

党的二十大报告强调，必须坚持"创新是第一动力"。面对当前复杂的金融环境，广西北部湾银行股份有限公司（以下简称"广西北部湾银行"）紧跟新时代、新要求，运用新思维、新理念把握新机遇，在加强国有企业资产负债约束，打好防范化解重大风险"攻坚战"的背景下，积极响应国家号召，运用并表有限合伙创新投行模式，实现企业报表优化，拓宽了广西区内优质企业降杠杆的有效途径，是广西北部湾银行在创新金融产品服务领域的又一成功探索。此次业务广西北部湾银行从创新视角聚焦企业痛点难点，首次采用了有限合伙企业搭建与并表 ABN 结构优化相结合的应用模式，有效助力了企业成功实现报表优化，提升企业可持续发展能力，实现企业高质量发展的战略目标，同时推动了广西北部湾银行与战略客户的全方位合作，为丰富广西北部湾银行的投行产品库和智慧解决方案积累了宝贵经验。

一　案例简介

（一）背景情况

1. 国企降杠杆是高质量发展、防范化解重大风险的必然要求

国有企业降杠杆是结构性降杠杆工作的重中之重，国企的资产负债率过高将引发系统性金融风险，这是中国经济的痛点难点。从国家层面看，2018 年，中共中央办公厅、国务院办公厅印发了《关于加强国有企业资产负债约束的指导意见》，文件提出加强国有企业资产

负债约束是打好防范化解重大风险攻坚战的重要举措，要通过建立和完善国有企业资产负债约束机制，强化监督管理，促使高负债国有企业资产负债率尽快回归合理水平；2021年，国务院国资委印发《关于加强地方国有企业债务风险管控工作的指导意见》，明确提出对高负债企业实施负债规模和资产负债率双约束，"一企一策"确定管控目标，指导企业通过控投资、压负债、增积累、引战投、债转股等方式多措并举降杠杆减负债。从自治区层面看，2020年4月，广西壮族自治区国资委印发了《关于加强广西壮族自治区国有企业资产负债约束的实施意见》，明确指出加强广西国有企业资产负债约束，降低国有企业杠杆率，推动国有资本做强做优做大，增强经济发展韧性，提高经济发展质量。

2. 企业高质量发展需加强资金融通与持续降杠杆的要求矛盾凸显

推动企业高质量发展，对于增强企业市场竞争力，提高资本运营效率，促进广西区域经济社会发展具有重大意义，然而企业在推进高质量发展过程中亦面临着难以解决的金融矛盾。一是企业的发展壮大与持续深化改革需要增加直接和间接融资量。二是随着金融支持与融资力度不断加大，企业规模增长的同时资产负债率不断攀升。三是企业自有资金主要用于转型发展，占用使用自有资金压降自身负债率将降低企业资金使用效率从而导致企业综合竞争实力下降和转型缓慢。

当前市场上通行的报表优化类金融产品主要为永续债券，其品种单一且较难获取发行场所债券批文，因此传统业务模式和融资渠道较难满足企业报表优化和降负债的需求。广西北部湾银行积极践行国家和自治区关于国企降杠杆的任务要求，根据融资人实际情况，运用创新思维，结合标准化产品的并表ABN结构，研发优化出并表有限合伙创新投行模式，为企业实现融资的同时解决降负债难题。

（二）主要做法

1. 深入摸排市场需求，锚定客户群体及业务创新方向

为了能够更好地契合国家指导性文件以及客户的实际融资需求，广西北部湾银行选定区内优质国企、民企及上市公司等为主要客群，明确将为上述客户提供同步满足融资和降负债需求的特色化投行产品作为创新的主要方向。由总行投资银行部牵头，会同总行其他相关部门及分支机构组成专业团队，由点及面，对重要战略客户和全区范围内企业的降负债需求进行摸排。

2. 加强会计准则、制度及监管政策研究，赋以企业控制权实现报表合并

根据《企业会计准则第 33 号——合并财务报表》（2014 年修订）、《企业会计准则第 37 号——金融工具列报》（财会〔2017〕14 号）的要求，财务报表的合并范围应当以控制为基础予以确定，并结合相关事实和情况予以判定。广西北部湾银行深耕专业领域，在此次创新业务的研发中加强研究并深度契合了我国当前的会计准则。首先，通过搭建有限合伙企业，约定融资人集团子公司作为普通合伙人（GP）发起设立有限合伙企业并担任有限合伙企业的执行事务合伙人，并通过合伙协议明确 GP 对有限合伙企业的相关活动和投资决策的主导作用。其次，再由广西北部湾银行投资信托计划并受让有限合伙人（LP）相关权益完成对 LP 的资金融通。此创新业务模式中，融资人集团子公司因具有对有限合伙企业运营的控制权而得以实现对有限合伙企业的并表，最终实现融资人集团子公司的报表优化。

3. 与同业、中介机构反复打磨，匠心打造新产品

广西北部湾银行通过不断强化与银行、证券、信托等同业机构调研，了解其他金融同业先进做法，并与会计师事务所、律所等专业机构充分沟通，克服了重重困难，最终完成并表有限合伙业务结构设计，结合企业业务实际情况完成了合同条款的梳理工作，完善了全链条的风险控制措施，理顺了整个创新业务的流程，并在业务持续开展中不断检验和优化。

（三）取得的成效

并表有限合伙创新投行模式的研发与成功落地，切实解决了企业在发展过程中的主要难题，获得了融资企业的高度评价与市场的青睐。一是广西北部湾银行已成功为多家区内优质企业实现报表优化，企业融资金额合计超 20 亿元，为企业集团降低资产负债率近 1 个百分点；二是广西北部湾银行并表有限合伙业务在区内企业间形成了良好的品牌效应，不仅存量客户计划运用产品持续降低资产负债率，而且吸引多家优质企业及上市公司计划开展该业务，广西北部湾银行特色化服务深入人心。

二　创新点

（一）持续优化交易结构，创新并表有限合伙业务

并表有限合伙业务借鉴和参考了中国银行间市场交易商协会并表 ABN 的业务模式，结构中有限合伙企业设立、底层借款发放和信托计划的制订均在参照并表 ABN 的债券标准的基础上予以创新和优化，最终实现企业集团获得融资的同时降低资产负债率。主要的业务结构搭建如下。

1. 搭建有限合伙企业

融资人集团子公司作为 GP 发起设立有限合伙企业并担任有限合伙企业的执行事务合伙人。通过在合伙协议中明确约定 GP 对有限合伙企业的相关活动和投资决策的主导作用，实现 GP 对有限合伙企业的并表。

2. 转让信托收益权

LP 份额收益权设立信托计划；投资人投资于该信托计划取得信托

收益权并支付对价。

3. 发放借款

有限合伙企业以合伙人实缴出资款向融资人发放借款。融资人按期向有限合伙企业支付利息后，向 LP 合伙人分配收益。

4. 收益分配

信托计划以有限合伙企业分配的资金扣除各项信托费用后向信托受益人分配。

该创新业务模式各环节紧密衔接、搭建合规，退出方式得以闭环，产品结构、风控措施不逊于标准化产品。

（二）巧妙实现"小资金"撬动"大融资+降负债"

该创新业务模式中，一是金融机构通过投资信托提供资金，集团子公司仅出具较少资金成为 GP。通过交易结构设计，金融机构虽然为主要出资方，但通过 GP 对有限合伙企业投资决策的主导作用，向企业让渡决策权，实现 GP 并表有限合伙企业。二是集团通过对其子公司的并表实现所有者权益增加，并且在有限合伙企业向集团本部借出借款环节中，因有限合伙企业已并表子公司，子公司的借出行为与集团本部的借入行为使得集团内部债权债务相互抵消了，资产负债未发生改变。三是集团本部使用借款偿还其存量债务环节中，集团本部现金与负债同比例减少，从而推动集团整体资产负债率降低。各环节最终实现"小资金"撬动"大融资+降负债"的效果。

（三）助力集团实现"双主体+双层"降负债的叠加效应

该创新业务模式在为集团层面实现融资增加的同时降低资产负债率，还辅助达到了其他效果。一是集团的双主体降负债，即集团子公司（作为 GP）通过控制权并表有限合伙企业，增加其所有者权益从而降低其资产负债率；集团则通过并表集团子公司再次实现其所有者权益增加，从而降低集团资产负债率。二是双层降负债，第一层为集团子公司（作为GP）通过所有者权益增加降低资产负债率；第二层为集团将获得的内部借款用于偿还其存量负债，通过现金与负债同比例减少实现其资产负债率进一步降低。

三 应用价值

（一）开拓企业报表优化新渠道，引领市场新发展

1. 积极探索实践，运用报表优化类产品助力企业高质量发展

降杠杆、减负债一直是近年来国有企业全力开展的一项重点工作。基于当前可实现企业降负债的金融产品种类有限，同时标准化债券产品准入门槛较高、用途不够灵活等情况，广西北部湾银行勇于担当、创新探索，为区内优质企业降负债开拓一条新路。该案例的成功，得益于广西地方金融机构进一步加强对该模式与标准化债券市场融资工具的研究与融合，该模式是对现有传统金融产品的有效补充，进一步满足了企业集团多样性的融资需求，对区内优质企业降负债起到正向的示范推动作用，为后续业务的延伸拓展提供了宝贵的经验。

2. 推动金融赋能，为全区企业提供可复制、可推广的融资模式

并表有限合伙创新投行模式能够解决优质企业降杠杆难题，在广西区内有较大的市场需求和发展潜力，具有可操作性和可复制性的特点。该案例获得了融资企业的高度认可，深化了企业的转型发展，拓宽了产品融资渠道，为企业实现高质量发展提供了动力支撑。接下来广西北部湾银行将全面摸排区内潜在优质客户，营销推动重点项目落地。

3. 发挥示范和引领作用，推动区内金融机构服务企业降负债

该模式是广西北部湾银行以客户为中心，抓住机遇，支持区内优质企业降杠杆的重要成果，打造了行业标杆和案例典型，促进了广西北部

湾银行与集团客户全面战略合作伙伴关系的提升。下一步，广西北部湾银行将以此为契机，继续发挥好化解金融风险和为企业解决实际困难的示范和引领作用，推动区内金融机构服务企业降负债，为区内企业转型增效提供更大金融支持，助力企业高质量发展，在广西区内经济发展进程中发挥更大作用。

（二）持续研发"企业互投"2.0模式，为企业降负债提供新思路

基于前期已成功落地的并表有限合伙业务，广西北部湾银行结合各方资源，持续积极探究和研发升级版的业务模式，即通过企业互投的交易结构实现双集团主体降负债，并为优质集团企业提供定制化的产品设计和咨询服务。目前该业务模式仍在论证当中，持续的业务模式创新将为优质企业降负债不断提供新灵感和新思路。

（三）通过了多轮审计和检查

首先，广西北部湾银行在报表优化类投行产品设计及结构搭建过程中，与律师事务所、会计师事务所、企业客户及其他中间方进行多轮协商与沟通，在相关合同条款设置上尤为谨慎，并充分征求行内外各方建议意见，确保在符合当前外部监管要求的前提下，为客户提供有针对性的降负债解决方案。其次，截至目前各报表优化类产品均未发生信用及法律合规风险暴露，均通过会计师事务所的年度审计及相关检查。

本文组织编写团队：广西北部湾银行股份有限公司

执笔人：陈龙、单瀚章、唐子雁

Ⅲ 其他案例

运用土地承包费绿色资产支持专项计划（乡村振兴） 助力广西农业产业高质量发展

实施土地承包费绿色资产支持专项计划（乡村振兴）（以下简称"专项计划"）是广西农垦集团有限责任公司（以下简称"广西农垦"）按照自治区党委、政府的决策部署，积极服务和融入新发展格局，在确保安全自主可控前提下走进东盟、融入全球市场，打造现代一流食品企业的一次积极创新。专项计划以向个体农户或其他第三方流转土地使用经营权所收取的土地承包费作为基础资产，通过引入金融资本的"活水"精准"滴灌"广西农垦下属现代化农业产业，构建了一条绿色金融、绿色食品、绿色农业"三位一体"的绿色循环经济产业链，同时作为蔗农最主要、最稳定的收入来源保障了全区4348户脱贫蔗农家庭实现增收稳收，释放了国有土地的价值，将广西农垦的土地资源优势转换为产业发展的资本优势。

一 案例简介

（一）背景情况

党中央高度重视我国农业发展情况，中国人民银行联合多部门发布的《关于金融支持全面推进乡村振兴 加快建设农业强国的指导意见》中明确鼓励符合条件的企业发行公司债券、短期融资券、中期票据、资产支持证券等用于乡村振兴。作为自治区最大的国有农业企业集群，广西农垦垦区土地总面积约202.12万亩，土地是特殊核心国有资产，如何盘活众多优质土地资源，使之不断增强广西农垦内生动力、发展活力和综合实力，促进土地资源利用价值最大化，高质量建设全国一流食品企业始终是广西农垦一个重要的研究课题。

为响应中央与自治区政府指示精神，广西农垦会同国开证券股份有限公司（以下简称"国开证券"）等组成专业团队，于2023年进行一系列实地调研、资料收集及分析论证，于2023年10月取得上海证券交易所《关于对国开—广西农垦土地承包费绿色资产支持专项计划（乡村振兴）资产支持证券挂牌转让无异议的函》，并于2023年发行全国首单"国开—广西农垦土地承包费绿色资产支持专项计划（乡村振兴）"。通过引入金融资本的"活水"精准"滴灌"广西农垦下属蔗、糖、酒、浆、纸、生物化工、养殖一体化绿色循环经济产业链，同时保障了4348户脱贫蔗农家庭实现增收稳收。

（二）主要做法

专项计划运作的具体模式为广西农垦下属各农场作为土地发包方依据专项计划的设立将基础资产转让给原始权益人（广西农垦），再由原始权益人转让给计划管理人（国开证券），合格投资者通过计划

167

管理人向原始权益人认购基础资产，从而实现基础资产与原始权益人其他资产的隔离，大大提高专项计划的偿还安全性，具体融资模式见下图。

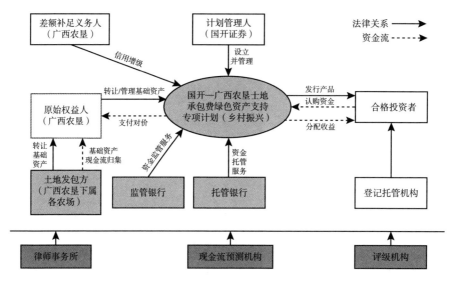

国开—广西农垦土地承包费绿色资产支持专项计划（乡村振兴）融资模式图

资料来源：笔者整理得出。

1. 产品结构

此次发行的专项计划在总体结构上属于单 SPV 类资产支持专项计划，但相较于其他类资产支持专项计划，此次专项计划最大的区别在于基础资产的独特性与复杂性。根据相关规定，国有农用土地无法作为交易对象在市场上进行交易，因此长期以来直接以土地作为标的进行资产证券化在实践层面难以实现。根据《广西壮族自治区人民政府关于组建广西农垦集团有限责任公司的通知》和《广西农垦集团有限责任公司国有土地经营管理办法（试行）》等文件，自治区政府将农垦国有土地这一特殊形态国有资产授权广西农垦经营管理。由于广西农垦国有土地资源分布在广西下属多个地市，大部分国有农用土地资源由广西农垦授权其管辖的 26 家国有农场作为土地发包方将土地交由农场下属职工或企业承包并开展生产经营活动，生产经营活动产生的土地租金具有稳定性与可持续性。因此广西农垦将土地收益权作为资产证券化标的便成为以国有农用土地开展融资行为的有效途径。

2. 基础资产

此次融资所用到的资产为广西农垦下属 26 家国有农场作为土地发包方将土地交由农场下属职工或企业承包所收取的费用。

3. 证券化流程

一是作为基础资产的直接所有人，26 家国有农场通过与个人或企业租户签订土地承包/租赁合同将收费收益权合法化。

二是国有农场作为独立企业与广西农垦签订《基础资产转让协议》将基础资产转让给广西农垦，广西农垦成为唯一的原始权益人，从而解决基础资产权属分散的问题。

三是广西农垦与国开证券签订《基础资产转让协议》，同意将基础资产转让给国开证券。

四是国开证券以基础资产设立资产支持专项计划，并作为计划管理人向市场投资者发行资产支持证券，律师事务所、评级机构、会计师事务所分别出具《法律意见书》《信用评级报告》《现金流预测报告》，完善专项计划的各项要素。

五是市场投资者认购资产支持证券并享有基础资产收益，同时向专项计划支付认购资金，认购资金通过专项计划流向广西农垦，用于经认证的绿色及乡村振兴领域。

（三）取得的成效

此次专项计划充分盘活、释放了国有土地的价值，在巩固拓展脱贫攻坚成果、贯彻落实国家乡村振兴战略的同时为广西绿色高质量发展注入金融新动能。

此次专项计划发行票面利率为 4.1%，平均融资成本较同时期债券类产品节约 100bp 以上，每年节约融资成本超 800 万元，创广西农垦同期限直接融资利率历史新低，这为全国范围内盘活土地资源从而支持乡村振兴及绿色发展战略提供了较为现实的参考样本，发行成果受到新华社、《人民日报》、《证券日报》等权威媒体以及中国农垦、上海证券交易所等多家机构的报道。

二　创新点

土地收益一直都具有稳定持续的特点，专项计划在不改变国有土地权属、用途以及经营模式的情况下创新地将广西农垦的土地资源优势转换为产业发展的资本优势。

（一）创新融资模式，实现土地资源"取之于民，用之于民"

长期以来，广西农垦都承担着振兴发展广西农业的历史使命，为自治区制糖支柱产业发展做出贡献。此次专项计划充分借助证券市场的融资优势，创新融资模式，将广西农垦下属 26 家农场公司体量庞大却较为分散的土地资源进行集中且深度的梳理，通过资产证券化，将广西农垦未来一定年限的国有划拨农用土地收益提前兑现，在保障农用土地权属合法和生产稳定的基础上实现资产的盘活。

募集资金用于白砂糖生产采购环节，均直接或间接支付给广西各地蔗农，是其最主要、最稳定的收入来源，真正实现了土地资源"取之于民，用之于民"。同时帮助 4348 户蔗农家庭实现脱贫，坚决执行《中共中央　国务院关于做好 2023 年全面推进乡村振兴重点工作的意见》"抓紧抓好粮食和重要农产品稳产保供""拓宽农民增收致富渠道""坚决守住不发生规模性返贫底线"等核心要求。

（二）创新拓展融资路径，构建绿色金融、绿色食品、绿色农业"三位一体"的绿色循环经济产业链

《加快建设面向东盟的金融开放门户若干措施》鼓励区内企业通过境内外资本市场发行债务融资工具、资产证券化产品。广西农垦承担着自治区政府赋予其的建设成为特色产业发展龙头企业、乡村振兴龙头企业、一二三产融合发展龙头企业的宏伟使命。此次专项计划在用途上创新提出募集资金全部用于绿色食品（白砂糖）生产，经外部机构认证符合上海证券交易所绿色资产支持证券指引相关要求，构建了一条绿色金融、绿色食品、绿色农业"三位一体"的绿色循环经济产业链，将绿色金融的"活水"灌溉到广西农垦白砂糖绿色循环经济产业链中，保障 A 级标准绿色食品的持续生产，有力地支持了广西农垦矢志不渝践行"绿水青山就是金山银山"的企业价值导向，深入聚焦绿色农业产业建设，加速转型升级，高质量建设全国一流食品企业。

（三）创新评级与定价模式

土地资源一直是广西农垦最优质、收益稳定性最强的资产。债券类型的融资产品无法直接体现土地收益稳定的优势，此次专项计划将土地资源整理打包并将其收费作为基础资产单独运营，创新使用"现金流超额覆盖+结构化分层+差额补足+收费收益权质押"增信机制，突破主体"AA+"级别的限制，获得 AAA 级的债项评级，这也是目前农业企业存续的唯一一只 AAA 级的资产支持证券。同时，通过债项评级提升，专项计划发行票面利率达到 4.1%，每年节约融资成本超 800 万元。

三　应用价值

专项计划在申报备案期间便受到各大主流银行的高度认可与踊跃申购，最终取得簿记边际倍数达 22.14 倍的发行成果。专项计划不仅为吸引非农金融资金进入农业农村领域、国有土地资源盘活提供了新思路，还为全国范围内盘活土地资源从而支持乡村振兴及绿色发展战略提供了较为现实的参考样本，进一步对农林牧渔基础设施、供应链、应收账款等领域的相关企业开展资产证券化业务具有重要的借鉴意义。

（一）引入证券市场资本支持农业发展，助力乡村振兴及绿色发展

此次专项计划发行场所为上海证券交易所，投资者均为债券市场专业投资者，极大地为企业扩大了资金融通范围。专项计划引入了更多市场化投资者支持我国乡村振兴及绿色发展战略落地，为农业农村领域投资由依赖各级政府专项资金、银行信贷投放以及农民自有资金，转向引入证券市场资本，提供了更多参考方案。

（二）探索盘活存量国有资产新路径，释放国有资产价值

此次专项计划对于全国范围内拥有存量优质国有资产的企业具有很大的借鉴意义。各类国有资源如土地、基础设施、商业物业等由于其特殊性往往无法直接作为融资标的或作为抵押物取得贷款，而传统的债务融资工具以企业信用为担保筹措资金，企业空有优质资源却无法直接用于融资，因此亟须开发新型金融工具将这类优质资源进行充分利用，将"资源"转化为"资本"，从国有资产的附属收益性出发，在不改变国有资产权属、用途以及经营模式的情况下实现国有资产的盘活，将资源优势转换为产业发展的资本优势。同时资产证券化募集的资金还具有用

途广泛的优势，能够有力支持企业境内外项目建设、偿还到期贷款等资金需求。

在此基础上，对于大型国有农业企业拓宽融资渠道具有参考意义，资产支持证券仅广西农垦一家企业有存续产品，历史发行方面仅广西农垦与海南省农垦投资控股集团有限公司两家有过发行。对于国内大型农业企业而言，资产支持专项计划类型的项目依旧是一个较为新颖的融资路径，能够实现将资产的未来收益提前变现，从而满足自身资金需求，顺利盘活资产，达到了用时间换空间的发展效果。特别是对自身评级与资产质量两者不匹配的企业而言更具有较高的直接参考价值。

（三）优化债务期限结构，压降企业融资成本

农业产业建成投产后仍需要一定周期才能形成可面向市场的稳定产能，受行业特性影响，相较于交通运输、房地产等重资产行业，农业产业流动负债占负债总额比例较大。但其因肩负粮食稳产保供、推进人民实现共同富裕的重要任务，故对于稳定的中长期债务需求较为旺盛。

资产支持专项计划这类期限长、契合国家金融调控支持方向的产品，有机地将企业优化债务期限结构以及市场化投资者侧重稳健收益两者的需求紧密结合，企业通过将其优质资产资源整体打包，结合资产经营长期性、稳定性优势，充分挖掘政策契合点，可较大程度优化企业融资结构，压降融资成本，减轻短期偿债压力，提高企业发展动力。

（四）提升企业市场影响力，塑造企业品牌价值

此次专项计划设置了优先/次级分层机制、差额支付机制，获得了评级机构认定的AAA级债项评级，极大地扩大了广西农垦在资本市场的影响力，加之此次专项计划为全国首笔，标的较为稀缺，预期有较好的示范引领效果，发行成果受到新华社、《人民日报》、《证券日报》等

权威媒体以及中国农垦、上海证券交易所等多家机构的报道，有助于提升企业在大众群体中的形象。

（五）规范企业运营管理模式，提升资产运营效能

专项计划自发行后，为确保基础资产能够按期稳定提供偿债现金流，广西农垦及其下属农场需要持续以专业化规范化的手段开展土地的运营管理工作，这就对广西农垦的运营管理水平以及资产运营效能提出了更高的要求。推广到同样发行资产支持证券的企业，资产支持证券对基础资产运营水平的高要求势必会对企业管理资产的能力产生积极作用。从长远来看，企业资产运营水平的不断提升又能够给公司营收利润水平带来正面影响，进一步降低基础资产的偿还风险，从而建立起企业经营与融资的良性循环。

本文组织编写团队：广西农垦集团有限责任公司

执笔人：罗辉芳、梁馨匀、蔡耀卿

深化数字人民币试点　打造面向东盟的
数字人民币应用先行示范区

自 2022 年末南宁市获批成为数字人民币试点城市以来，南宁市认真贯彻落实党中央、国务院和自治区党委、政府的部署要求，在自治区党委金融办、中国人民银行广西壮族自治区分行等上级金融管理部门的精准指导下，高起点谋划、高标准实施、高质量落实，深入践行金融工作的政治性、人民性，发挥数字人民币便捷、高效、普惠等优势，将试点融入推进高质量发展、大力发展新质生产力、加强数字南宁建设、建设铸牢中华民族共同体意识示范区等重大战略、重点工作，锚定金融开放门户建设深化试点创新，为广西和南宁市经济社会高质量发展增添了新动能。截至 2024 年 6 月末，南宁市数字人民币试点场景数、钱包量、支付额等关键指标占全区 90% 以上，落地成效较好。

一　案例简介

（一）背景情况

数字人民币是中国人民银行发行的数字形式的法定货币，由指定机构参与运营，以广义账户体系为基础，支持银行账户松耦合功能，与实物人民币等价，具有价值特征和法偿性。数字人民币可在不依赖银行账户的前提下进行价值转移，并支持离线交易，具有"支付即结算"特性；支持可控匿名，有利于保护个人隐私及用户信息安全。

党中央、国务院高度重视数字人民币试点。南宁市认真贯彻落实中央、自治区的部署要求，将"稳妥有序推进数字人民币试点"作为重要工作摆上日程，加快构建南宁市数字人民币试点"三个体系"，完善推进机制，将数字人民币融入服务实体经济、引领经济高质量发展等方方面面，为加快面向东盟的金融开放门户建设提供有力支撑。

（二）主要做法

1. 构建政策支持体系，多方面保障试点工作有序进行

南宁市政府印发《中国（广西）自由贸易试验区南宁片区数字人民币试点工作实施方案》等政策文件，从资金保障、人员支撑、氛围营造等方面对试点工作予以支持。一是优化资金保障。立足目前广西和南宁市财力实际，整合多渠道可用财政资金对试点工作进行支持，加强试点工作与产业、消费、投资等政策的协同，既发挥数字人民币的独特优势，又保障试点工作开展。围绕这一工作思路，南宁市主动挖掘利用扩内需稳消费财政资金，推动高新区会同中国建设银行落地 50 万元广西首批数字人民币消费券，推动财政补贴直达用户与市场主体，促进社会消费回补与潜力释放。同时，引导各家试点银行驻邕机构积极向总行争取支持，立足首府南宁龙头地位和政策优势，加大专项资金支持首府南宁数字人民币推广的力度，截至 2024 年 6 月末，各驻邕试点机构累计投入 1572 万元，助力南宁市试点规模持续增长。二是做强人员支撑。市级层面成立领导小组，由市长担任组长，将领导小组办公室设在市委金融办，联合发改、财政、商务、工信、农业农村、机关事务等多个部门力量，推动数字人民币无缝嵌入行业场景建设。发挥南宁市全国性商业银行省级分行聚集集约优势，加强与试点机构省级分行工作部门沟通，推动 12 家试点机构成立工作专班，抽调数字金融、普惠金融、对公、零售部门等精锐力量推进试点，最大限度凝聚部门工作合力。强化能力培训，邀请中国银行总行亲身参与中国人民银行总行数字人民币研

发的部门负责人到南宁进行培训，从数字人民币试点工作"为什么、是什么、其他城市怎么干、南宁应该怎么办"等4个维度进行全面系统讲解。截至2024年6月末，已累计开展4期培训，有效提高了政府单位、试点机构等的思想认识、能力水平。三是强化氛围营造。做好广泛宣传，组织银行机构策划拍摄南宁市数字人民币试点宣传片，让更多老百姓知晓数字人民币的好处和数字人民币的知识。新华社、中国新闻网等中央媒体，《广西日报》等省级媒体，《南宁日报》等市级媒体，以及南宁市人民政府网、人民银行广西分行公众号、南宁市委金融办公众号等70余家媒体，针对数字人民币相关热点事件和重要时间节点刊发126余篇次报道，累计点击量超40万次。

2.构建协同联动体系，多渠道助力场景建设

构建"政府部门+中国人民银行+试点机构+应用市场"四方协同机制，相互配合、各展所长，清单式推进数字人民币在餐厅、酒店、交通、景区、商圈、医院等重点场景应用扩面，全面推动在食、住、行、游、购、娱、医等多领域的应用。政府领域应用突出"点上有突破"。推动数字人民币在非税缴费等领域扩大试点应用规模，引导南宁市属国有企业开立对公钱包账户，积极使用数字人民币进行资金收付结算。落地"复兴壹号"智慧党建平台使用数字人民币交纳党费、广西首个数字人民币税费缴纳、广西首个数字人民币智慧医疗、广西首个智慧校园、广西首笔数字人民币代发工会慰问金和工会补贴等场景建设。通过打造一批综合应用样板，落地一批创新应用成果，扩大数字人民币受理环境覆盖面并提升使用普及度，达到数字人民币资源配置的价值最大化。民生领域应用突出"面上有拓展"。聚焦"人民性"，清单式推进数字人民币在水、电、燃气、通信、有线电视等民生缴费领域应用场景覆盖率达100%。推出"1分钱乘地铁"等优惠活动，推动南宁市港口码头、火车、客运、飞机、停车平台等嵌入数字人民币线上公共交通支付渠道和无感支付出行领域。推动全市近30家重点大型商场支持数字

人民币受理，21 家零售连锁企业和 21 家电商平台支持数字人民币受理。对中小微商户、流动商贩等扩大宣传、强化激励，提升商圈、步行街、景区、专业市场等消费场所受理商户密度。目前南宁地铁全线实现数字人民币购票乘车、扫码进站；奥特莱斯等重点商圈场景商户的覆盖率有较好提升；青秀山等景区购票场景已支持数字人民币。区域场景应用突出"试点有特色"。锚定打造面向东盟的"点面结合，自由贸易和边境贸易联动"的数字人民币应用先行示范区，加大数字人民币面向东盟开放合作支持力度，深化面向东盟的金融开放门户核心区建设。中国银行广西分行、邮储银行广西分行在第 20 届中国—东盟博览会和中国—东盟商务与投资峰会期间率先推出"壮美广西"文旅特色和以南宁简称"邕"为核心元素的数字人民币主题硬钱包，支持来邕参加展会的游客在无卡无网情况下也能完成支付；广西北部湾银行通过对接广西国际博览事务局，在第 20 届中国—东盟博览会上实现数字人民币办证缴费。

3. 构建融合创新体系，多角度发挥数字优势有效赋能

聚焦发挥数字人民币"支付即结算"和低成本等优势，推动数字人民币与跨境金融、普惠金融、绿色金融等重点领域有机融合。一是"数字人民币+跨境金融"。充分发挥数字人民币点对点支付、零费率的优势，引导双边主体开通数字人民币钱包，围绕境外采购、跨境电商等场景，通过数字货币桥实现跨境结算，开展数字人民币跨境支付试点。辖内中国银行广西分行率先参与了中国、中国香港、泰国、阿联酋 4 个国家（地区）央行共同实施的多边央行数字桥项目的业务实测。二是"数字人民币+普惠金融"。企业利用数字人民币支付可以产生大量与企业经营相关的数据和信息，这些数据和信息可以对企业的经营状况进行精准画像。引导银行机构归集共享数字人民币使用产生的贸易数据、征信数据等，通过数据对企业建模，从而减少对企业资产和抵押物的依赖，加大对企业线上纯信用贷款的支持力度。邮储银行南宁分行利用涉

企政务数据成功发放广西首笔数字人民币小微易贷。三是"数字人民币+绿色金融"。在绿色金融中，企业通过贷款、债券、理财等方式募集的资金，应该严格按照募集的要求投向指定领域。资金到了绿色企业后，应按资金募集之初的约定使用，可以通过数字人民币的溯源技术以及配套智能合约技术，与绿色企业的财务和科技系统进行数字化融合，实现绿色金融资金对于绿色产业发展的定向支持，实现绿色金融政策在一线的穿透和落地。邮储银行成功在南宁市落地全国首笔"碳减排支持工具+可持续发展挂钩+数字人民币贷款"，实现对企业绿色信贷落地的穿透式管理，赋能数字金融发展。

（三）取得的成效

1. 应用规模领跑全区

截至 2024 年 6 月末，南宁市累计开通数字人民币钱包 231.42 万个，占全区试点城市的 91.23%；开通商户数 37 万个，占全区试点城市的 97.12%；实现交易笔数 733 万笔，占全区试点城市的 94.43%；交易金额 29.2 亿元，占全区试点城市的 86.27%。

2. 生态体系持续完善

截至 2024 年 6 月末，南宁市数字人民币试点已在 24 个大型零售商圈、5 类绿色出行交通工具、4 个智慧园区、6 个民生缴费平台、5 个互联网平台和 4 家驻邕地方法人机构同业合作场景落地。

3. 服务发展成效明显

助力优化营商环境，利用数字人民币优势提升境外来邕人员支付便利度，成功将南宁市打造为全区两个外籍来桂人员无障碍支付服务区之一。支持中小企业数字化转型，引导南宁市规上企业、市属国企在对公交易中加大数字人民币使用力度，更好支持"数字产业化、产业数字化"。邮储银行开展"数字乡村"建设，累计已完成 3 个数币小镇场景建设。在这一国家级试点的牵引下，2023 年南宁市金融业增加值同比增长 5.7%，拉动 GDP 增长 0.7 个百分点，对 GDP 增长的贡献率达 17.3%，在全市各行业中位居前列。

二　创新点

（一）始终突出跨境融合抓试点

南宁市是距离东盟最近的省会（首府）城市。与其他城市相比，南宁市推动金融改革创新最突出的特点就在于"跨境融合"。南宁市数字人民币试点工作紧紧围绕跨境融合发力，拓展跨境场景应用。南宁市依托自贸试验区、南宁综合保税区、南宁跨境电商综试区等跨境产业园区，探索面向东盟的业务开展。召开南宁市跨境企业专场政金企对接会，对数字人民币货币桥业务进行宣传，向企业加大关于数字人民币货币桥业务点对点、零费率优势的宣传力度，争取企业拓展跨境领域应用。

（二）始终突出民生建设抓试点

紧扣建设铸牢中华民族共同体意识示范区这一工作主线，注重在"一老一小""优居安居""就业增收""学有优教"等重点领域拓展数字人民币应用场景，便利群众生活。如聚焦"一老一小"，南宁市目前已有超 200 所学校支持数字人民币充值、缴费，南宁市第一人民医院率先实现数字人民币线上线下支付，2 家医院支持数字人民币线上缴费；聚焦"就业增收"，驻邕 5 家试点金融机构的存量商户二维码已实现数字人民币收款。

（三）始终突出发展抓试点

南宁市当前处于转型升级的关键时期，正下决心调整产业结构、投资结构和经济结构，加快构建以制造业为骨架的现代化产业体系。推进数字人民币试点主动融入工业强市、现代化产业体系建设场景。围绕产业园区建设，落地全区首个大型产业园区实现数字人民币工资代发场景，提升企业支付便利度；围绕拓宽企业融资渠道，支持桂冠电力携手浦发银行通过中国建设银行数字人民币钱包成功发行超短期数字人民币融资债券，探索利用数字人民币渠道优化企业融资结构的新路径。

三　应用价值

（一）为国家战略试点探新路

南宁依托首府龙头地位，积极推动"跨境融合"金融改革创新，拓展数字人民币应用场景，开展数字人民币跨境支付试点，助力国家检验数字人民币系统稳定性、使用便捷性、安全可靠性。聚焦数字支付低成本的优势，推动数字人民币与跨境金融、普惠金融、绿色金融的有机融合。加大数字人民币试点面向东盟开放创新力度，聚焦开放发展、民族团结、产业建设谋划场景，体现金融工作的政治性、人民性要求。

（二）为城市发展建设添新彩

在9类全国通用类场景建设基础上，率先开展6类探索区域特色类场景的应用试点，争取在数字南宁建设、数字经济发展等相关场景方面寻求突破、试出成效。数字人民币试点与多项落地在南宁市的国家重大战略有机融合，既深化了试点，又赋能了场景建设。同时，南宁市从不同的试点场景中探索传统监管与科技监管结合的可行性，发挥试点机构数字人民币优势，在全市落地首个数字人民币智能合约场景，助力统筹好发展和安全。

（三）为改善民生服务出新招

始终在便利性、智能性、普惠性上做足文章。在便利性上，南宁市A 级以上旅游景区、文旅酒店、各大影院在美团平台实现数字人民币线上支付全覆盖；在智能性上，"智桂通"微信小程序、"爱南宁"App两个重要区域服务平台已实现部分支持数字人民币支付功能；在普惠性上，推动辖内超 300 家的农资店、粮油副食品店、士多店支持数字人民币收款业务，广西农信"利农商城"线上消费帮扶平台实现数字人民币支付，优化农村地区金融服务。

本文组织编写团队：中共南宁市委员会金融委员会办公室

执笔人：曾肄业、吕端周、曾鑫

探索西部陆海新通道多式联运
"一单制"融资新模式

广西北港金控投资有限公司（以下简称"北港金投"）、广西北港物流有限公司（以下简称"北港物流"）联合打造了"一单制动产质押+提单转仓单+全程物流监管"的"物流+金融"业务模式（以下简称"新模式"），标志着广西首笔西部陆海新通道多式联运"一单制"电子提单动产质押融资业务成功落地。这是北港金投和北港物流在推动多式联运"一单制"物权属性探索方面取得的突破性进展，在金融赋能创新应用方面形成了典型可复制的案例，为面向东盟的金融开放门户建设提供了有力支撑。

一 案例简介

（一）背景情况

交通运输部、海关总署、国家金融监督管理总局、国家铁路局、中国国家铁路集团有限公司等八部门联合印发的《关于加快推进多式联运"一单制""一箱制"发展的意见》提出，要探索赋予多式联运单证物权凭证功能，探索发展多式联运"一单制"金融保险服务。自治区人民政府办公厅印发的《加快广西供应链金融发展若干措施》提出，要加大物流金融领域创新力度，创新开展账单、仓单、运单"三单"标准化融资业务，深入推动海铁联运"一单制"金融创新，优先推荐相关领域金融创新取得突出成效的金融机构和物流企业参与当年度广西建设面向东盟的金融开放门户优秀创新案例评选。

（二）主要做法

多式联运定义为由两种及以上的交通工具相互衔接、转运而共同完成的连续运输过程，多式联运"一单制"是指根据多式联运的合同进行操作，客户只要订立一份合同、进行一次付费、缴纳一次保险、通过一张单证即可完成全程运输，多式联运经营人组织全程运输，对物流全程负责。

新模式下，北港金投依托北港物流作为多式联运经营人签发的"一单制"单据，办理电子提单动产质押登记，为客户提供覆盖全程的融资支持，且融资过程中客户无须再提供其他抵质押物，全程一次委托、一单到底、一次结算、一次融资。一方面为客户提供从海运到汽运、从国外码头到国内仓库的跨国多式联运服务，减少客户的中转环节，节约了运输成本及时间；另一方面满足了客户在预付、运输、存储、销售等环节中的资金需求，解决资金受限问题，降低融资成本。

2023 年 12 月，根据客户提出的综合需求，北港物流承运并开具"一单制"提单，一站式物流将一批再生铝锭从马来西亚关丹港运输至广西北部湾港钦州港区并送到仓库，北港金投为客户提供了基于新模式的全程融资服务。

（三）取得的成效

新模式轻客户主体信用，重债项资产形成的过程把控，重"交易结构+数据"，大大减少金融机构复杂的线下尽调、鉴权等活动，突破了供应链产业链上下游客户因缺乏不动产等传统抵押物而无法从金融机构获得融资的瓶颈，解决了中小微企业融资难、融资慢、融资贵的问题，同时最大限度防范了融资中的质物交付、质物特定化、动态质押等质权设立风险，以及重复质押抵押、所有权质权冲突等权利竞合风险。

新模式的推出是北港金投和北港物流积极贯彻落实习近平总书记对广西重大方略要求的举措，旨在积极服务建设中国—东盟命运共同体，深化拓展与东盟国家在商贸、劳务、产业、科技、教育等领域合作，打造国内国际双循环市场经营便利地，深度融入共建"一带一路"。2023年是中国和马来西亚建立全面战略伙伴关系10周年，也是中马"两国双园"建设10周年；2024年是两国建交50周年。10年来，中马"两国双园"合作成功构建"港—产—园"发展模式，为多式联运航线的常态化运行和新模式提供持续的基础货源和融资标的。新模式的迭代优化将进一步助力中马跨境业务发展，便利"两国双园"经贸物流金融互动，实现"两园两港"联动发展，经贸和产能合作水平不断提升。新模式下北港物流即将启运的集装箱如下图所示。

新模式下北港物流即将启运的集装箱图

资料来源：北港物流提供。

二　创新点

（一）赋予西部陆海新通道多式联运提单金融属性

根据《中华人民共和国海商法》和司法实践，海运提单具有物权属性。北港金投和北港物流推出的新模式以海运提单格式为基础，包含多式联运经营人、发货人、契约承运人和实际承运人、收货人、多式联运合同、多式联运单据等多个构成要素，明确了各参与方的法律关系、权利义务、责任边界，在实现了"一单制"下门到门物流服务的同时为全程质押融资提供了设定权利质权的对象，解决了提单格式各异、缺乏统一的单证格式标准规范这一制约我国多式联运"一单制"发展的问题。

在提单物权属性的基础上，北港金投和北港物流通过"一单制动产质押+提单转仓单+全程物流监管"赋予了多式联运提单金融属性，金融机构基于多式联运提单为企业提供融资授信，监管方受金融机构委托监控全程物流运输及货权把控，通过多式联运"一单制"提单号与各运输段运输单据号自动关联，可一键查询全程物流信息，实现全程物流信息穿透及运输路径可视化，并凭金融机构指令放单放货。

（二）以"双质押"模式消除进出口融资中的风控盲点

由于提单质押和提单项下的货物动产质押并不冲突，北港金投作为质权人在交易结构中同时设立了提单质押和提单项下的货物动产质押并办理了质押登记。

质权人与出质人和监管方签订三方协议，约定未经质权人书面同意，监管方不得为出质人或其他第三方办理提货，已符合动产质押中需占有质押财产的成立要件。在动产质押阶段，货物清关前由海关控制期间，监管方将暂时失去对货物的控制权，对动产质权会产生影响，因此三方协议中亦约定如因海关等行政机关行使公权力，出现监管方暂时无法控制货物的情况，只要后续监管方能够继续控制货物，就不影响质权人享有的动产质权。此时质权人还享有提单的权利质权，可以在一定程度上控制风险，同时当清关完毕，货物重新由监管方继续控制时，质权也将继续存在。

"双质押"的结构设计避免了出质人将同一批货物既以实物出质又以提单/仓单出质，或者对同一批货物开出多份提单/仓单出质的重复质押风险。此外，由于动产质押中的非典型交付方式使得占有的公示效力降低，质权人在放款前在中国人民银行征信中心的动产融资统一登记公示系统办理了质押登记作为质押公示方式。由于出质人既以提单/仓单出质，又以提单/仓单项下的货物设立担保，质权人可依据公示的先后保证清偿时的第一顺位。

（三）"提单"转"仓单"的无缝衔接实现融资不中断

提单融资是运输过程中以在途货物进行质押的融资，在这个过程中，物流企业受贷款人委托，对相应的质押物进行跟踪、监管。仓单融资是借款人把质押物存储在仓储公司的仓库中，凭借仓储公司开具的仓单，向贷款人申请授信，贷款人根据质押物的价值向客户提供一定比例的融资。在传统模式下，物流企业在将质押物送达仓库并交接给仓管方后，由于质押标的和质押物监管方的变化，借款人需全额还款以解押原质押物，并与贷款人签署新的质押、借款和货物监管协议，重新明确各相关方的权利和义务。贷款资金使用效率低、不连贯有可能导致借款人资金链断裂，影响贷款安全。

"提单"转"仓单"模式下，借款人以载明品种、规格、等级、数量的海运提单和港口、保税仓库、仓储公司等开出的仓单，向贷款人申请质押融资。北港物流作为多式联运经营人和监管仓管理人，利用负责货物在途运输，管理码头堆场、仓库的便利，高效衔接货物转移流程，以数字化手段实现对在途和在仓货物的全程监控和追溯，确保质押物安全和品质，在降低风险的同时，提升了融资效率和便利性。此外，新模式还采用电子提单和电子仓单的形式，优化动态质押及解押流程，解决了质押标的变化时需要多次线下修改仓单、质权人需要多次前往监管仓核验的问题，既满足了大型企业批量采购的资金融通需求，也满足了中小微企业多批次采购的小额分散融资需求，降低了企业融资的门槛和综合成本。新模式还可根据货物流向，在保证自偿性前提下，延长融资服务链条，为借款人提供应收账款融资服务，实现商业信用的多级流转。

三　应用价值

北部湾港是西部陆海新通道陆海交会点，是西南地区最便捷的出海口，是面向东盟国家最便捷的出海通道。依托北部湾港航线和区位优势，推进以北部湾港为核心的多式联运，并在此基础上发展基于"一单制"的新模式是推动西部陆海新通道高质量发展的重要举措，有利于减少融资中间环节，提高融资效率和质量，促进通道物流降本增效，助推通道全链条要素集聚、升级、转型和再造，对于构建以北部湾港为核心的供应链产业链生态具有重要的战略及现实意义。

（一）解决中小微企业融资难、融资慢、融资贵的问题

近年来，提单/仓单重复质押等事件屡屡发生，提单/仓单质押几乎成了"盲盒"，其安全性和有效性难以得到保障，导致企业有融资需求，但银行等金融机构普遍持谨慎态度，加剧了中小微企业融资难的问题。

大部分需要通过以"货押""单押"形式解决融资需求的中小微企业不能达到商业银行的基本授信条件，必须通过供应链模式创新解决银行对中小微企业授信问题，即在融资模式中引入核心企业，核心企业掌握货物处置能力，可将众多的中小微企业集聚起来，形成上下游紧密连

接的完整产业链。银行将对核心企业的信任辐射到上下游企业，中小微企业可依托核心企业的信用，以其与核心企业发生的订单流、资金流和物流为基础，获得银行授信。

新模式的核心在于多式联运经营人作为核心企业的"全程控货权"，即多式联运经营人通过对货物真实性的了解、在途状态和放货环节实现对货物的实际控制。以"全程控货权"为核心，辅以提单/仓单标准化、信息互联互通，形成完整的多式联运"一单制"信用体系。该信用体系简化融资手续，为中小微企业提供了低成本、快捷的融资渠道。

（二）增强金融服务新质生产力发展的能力

面对外贸进出口量外流的难题，新模式围绕供应链资产（如船舶、基础设施、仓单）、产业链需求（如资金、信息），从补链（打通堵点、解决痛点、补上断点）、强链（深入开展上下游合作）、延链（引领产业延伸、转型、升级）三方面入手，促进金融与物流、贸易融合发展，打造广西大宗商品供应链产业链新基建的核心竞争优势。

目前，新模式主要依托海运物流核心企业服务于外向型经济发展，未来可引入产业园区内的产业物流市场主体，打造物流单证融资平台，归集更多的企业、海关、物流和金融数据，让"金融链"的宽度和深度进一步拓展延伸。实现数据的共享和互联互通，对供应链链属企业进行精准画像，提高金融机构对其贷款审批效率和贷款管理质量，让金融机构愿贷、会贷，降低融资成本，提高运营效率，实现金融赋能产业的功能。

基于新模式的物流单证融资平台朝"港—产—园"深度融合的方向发展将使其成为内外贸互转的关键循环节点，以"船、港、园、产、供、销"数字生态一体化运营引导商流、物流、资金流、信息流"四流合一"向北部湾港汇聚，推动建设以港口服务为基础、大宗商品交易为核心、供应链金融为引擎的综合增值服务生态，并由此提升西部陆海新通道产业带动能力和资源集聚能力，推动新产业、新模式、新动能发展。

（三）在信息互联互通的基础上推动数据货币化、资产化

"货"和"币"是供应链金融的两面，多式联运经营人需要硬件（港口、货船、集卡、仓储等）、时间（海运、通关等）和成本（人力、能源、场地等）来搬运"货"，传统上只能收取搬运货物的费用，而不能将"货"转化为"币"（货币化相关数据的价值）。因为"货"并不像"币"一样，天然获得法律的确权（货物的所有权），也不像"币"一样具有即时可交换性（流动性）。

提单/仓单代表了提货权，包含了订货、装船、通关、入仓、交割等相关数据，可以用于集成、溯源、确权其他关于"货"的物理数据。新模式打破了航运、仓储、海关、企业、金融机构的"数据孤岛"，通过对采购节点的订单、装船节点的提单、通关节点的申报单及保险单、保税区入库的仓单、货物交割节点的提货单等的把控确定"货"的交易交割真实性从而确立"货"权，以确权数据更精确地评估融资风险。企业向金融机构申请融资的同时授权其查询货物状态信息，金融机构为权属清晰、单货一致的企业办理融资，同时金融机构与监管方、融资企业达成三方协议，实时监测货物状态，许可或拒绝企业变动质押物的申请。

新模式盘活了北部湾港的物流数据资产，推动港口码头进出闸、港口箱位等海运数据以及物流装车时间、启运时间、到站时间等在途数据与金融机构开放共享，并围绕货源组织、线路优化、定位跟踪、产品设计、客户服务等市场需求推动多式联运各环节不同运输方式参与方实现信息互联互通。

在信息互联互通的基础上，大宗商品供应链的采购、销售、仓储、物流、支付、结算、融资数据将可以实现集中统一管理，为金融机构提

供透明、一致的数据访问和交互手段，实现数据的综合显示和监测分析，确保交易和融资行为动态留痕、流程可溯、责任可究。数据货币化为金融机构实现了物流全程可视，降低了尽调成本，更重要的是，货币化的数据成为增量业务的孵化器，为金融机构提供各种便捷、及时的数据服务，以服务数字化的形式实现数据资产化。

本文组织编写团队：广西北港金控投资有限公司

广西北港物流有限公司

执笔人：叶文

创新海洋牧场保险服务模式
支持向海经济发展

　　建设现代海洋牧场是深入贯彻习近平总书记重要指示精神，响应党中央建设"蓝色粮仓"号召，推动北海经济向海图强的重要举措。近年来，北海市多次把"高质量推进海洋牧场建设"写进政府工作报告，要求以"国家级海洋牧场"为"蓝色引擎"，拓展耕海之路，唱响海洋牧歌。但海洋牧场建设受自然灾害影响大，投资高、风险高、保险难、融资难等现实问题突出，行业风险保障严重不足，直接制约行业企业的发展壮大。北海金融监管部门立足实际，直面痛点、疏通堵点，创新推出"保险+"服务模式，以开设海洋实验室推进风险减量为基础，构建多层次、全方位、综合性保险产品服务体系，形成"保险机构+""保险产品+""保险模式+"三位一体的海洋牧场保险发展新路径，为北海市现代海洋牧场建设提供了全面的风险保障，也为沿海地区保险服务模式创新、加快发展现代海洋牧场保险、推动海洋牧场高质量发展等提供了可复制、可推广的创新经验。

一　案例简介

（一）背景情况

　　2017年4月习近平总书记视察北海时，做出要"打造好向海经济"

192

重要指示，赋予了北海经济发展新机遇、新使命。① 2023 年中央一号文件提出"建设现代海洋牧场，发展深水网箱、养殖工船等深远海养殖""鼓励发展渔业保险"。建设现代海洋牧场，是实现"藏粮于海"、落实国家粮食安全战略的重要路径，也是推动向海经济高质量发展的重要方向。但现代海洋牧场建设是一项复杂的系统工程，主要面临三大发展难题。

1. 投资金额大、见效慢

现代海洋牧场建设内容包括设施建造、选苗育苗、日常管理、灾害应对等多个方面，表现为高投入、长周期特征，如建造 50 个标准网箱需投入约 1300 万元，后还需持续投入饲料等费用近 2000 万元，从投资到产生收益往往需要 2~3 年时间，养殖企业的资金压力很大，近年来随着养殖成本不断上升，辖区部分企业已经开始暂缓扩大深远海养殖规模。

2. 灾害风险高、保障少

北部湾优越的地理环境虽为发展海洋渔业提供了优良的自然条件，但绵长的海岸线及海洋的不稳定性也导致北海易受台风等自然灾害侵袭。水产养殖容易受到疫病、病虫害、水温、水质等影响，造成规模性损失，如 2023 年 7 月北海多家养殖企业因水藻密度异常，200 余个深水网箱中的鱼类死亡约 125 万千克，估算直接损失达 5000 万元，个别企业一度陷入停摆境地。

3. 融资难、发展受制约

由于海洋牧场生产风险因素多，且难以预测和控制，经营主体在保险端投保难、保障不足，加之海洋资产评估和交易流转机制不够完善，在银行端也往往因缺乏抵质押物而达不到信贷准入门槛，"前后遇冷"

---

① 《牢记嘱托 学史增信 在新的历史起点上奋力开创北海高质量发展新局面》，旗帜网，2021 年 10 月 22 日，http://www.qizhiwang.org.cn/GB/n1/2021/1022/c441227-32261456.html。

直接制约经营主体快速发展壮大。

为此，发展现代海洋牧场保险意义重大，通过为海洋牧场提供多层次的综合风险保障和保险增信，覆盖行业产业全流程风险，实现全产业链综合风险保障，为北海市海洋牧场发展提供有力的金融支持。

（二）主要做法

1. 出台政策支持，加强监管引导

一是加强政策支持。研究出台推动银行业保险业支持向海经济发展的政策文件，明确金融支持向海经济高质量发展措施，鼓励银行保险机构支持发展现代渔业，支持建设现代海洋牧场，引导银行保险机构完善服务向海经济高质量发展的机制，推广专属产品，优化服务模式。二是狠抓督导落实。组织召开北海财产保险业支持实体经济暨行业高质量发展座谈会，对各保险机构服务现代海洋牧场建设情况进行定期监测调度，综合采取现场督导、监管通报、监管约谈等监管措施推动保险机构加力落实。三是强化协同联动。多次带领保险机构深入养殖企业一线开展调研，实地了解企业金融服务需求和保险机构政策落实情况，到海洋部门开展座谈，为保险机构与政府合作搭台，对接保险供需双方，加快推进水产养殖风险减量和保险创新工作。

2. 强化保险资源要素集聚，筑牢创新根基

加快推进"引金入北"，推动保险公司入驻北海，建立完善功能互补的保险机构体系，进一步激发保险市场活力。2021~2023年，共引入3家保险公司在北海设立分支机构，其中中国渔业互助保险社广西分社是辖区首家保险公司省级分支机构，也是定位为重点服务海洋渔业产业的保险机构。稳步推进服务网点建设，有效提升县域网点覆盖率和保险服务可及性，推动设立1个海产养殖保险服务中心，有效提升对海洋牧场的保险专业服务能力。

3. "风险减量+保险增量"，创新保险服务模式

一是在前端推动科技赋能，强化"蓝色粮仓"风险减量。经过20多次一线调研，召集专家研讨、充分论证，并协调保险机构总部解决资金、技术、设备等资源不足的问题，北海市成功开设了首个省级重点"政保企"合作的海洋实验室，构建起"风险减量+保险+科技"防灾减损新模式。实验室由平安产险北海中心支公司出资购买实验设备，北海市海城区人民政府负责运营管理，主要开展海洋养殖病害、养殖模式及养殖设施研究，为养殖企业提供质量检测、水质预警以及保险保障等服务。二是在后端加强产品供给。在已推出商业性金鲳鱼价格指数保险的基础上，加快研发金鲳鱼价格指数保险市县险种，引入财政资金，有效缓解养殖企业资金压力，保障企业发展的连续性和稳定性，避免由价格波动导致的经济损失。

4. 积极创新保险产品，构筑"蓝色粮仓"保障网

以北海市优势海水养殖业为突破点，指导保险公司围绕现代海洋牧场建设重点领域，创新推出系列保险产品，加强后续服务跟进，织牢织密保险保障网。经过努力，北海市在全国首创了珍珠贝养殖风力指数保险，推动对虾养殖风力指数保险、对虾价格指数保险、金鲳鱼价格指数保险等特色创新险种落地，保险责任覆盖海产品养殖自然灾害、价格波动等带来损失的风险，满足了海洋养殖经营主体的多层次风险保障需求。

5. 强化监管保障，营造良好发展氛围

保险改革创新离不开良好的市场环境，北海金融监管部门在积极培育创新保险的同时，一是始终坚持加快创新与风险防范并重的原则，在鼓励创新、容忍一定风险的前提下，坚守风险底线，对于辖区农险赔付率异常等潜在风险问题，多措并举推动将赔付率压回正常范围，保护了保险机构产品创新的积极性。二是推动成立辖区农险专业委员会，充分发挥行业协会桥梁纽带作用，健全行业定期会商、信息互通、防灾减灾等工作机制，深度整合行业资源，开展保险创新建言献策和经验交流，

进一步开阔保险机构创新视野，推动保险创新项目改进和优胜劣汰。三是推动解决保险创新过程中遇到的问题，加强横纵沟通、协同、联动，如在对虾养殖风力指数保险产品创新过程中发现，保险条款明确要求农户投保时提供标的检疫证明，但在业务推动过程中发现，北海无相关部门能出具检疫证明，有效保险需求难以完全释放，北海金融监管部门积极联动海洋局等部门，开展调研并向上反馈情况，成功推动对虾养殖风力指数保险条款修改完善。

（三）取得的成效

一是北海渔业保险发展取得新突破。保险产品体系进一步丰富，保险责任从保灾害、保成本向保价格、保收入转变，保险服务从传统保险产品向"保险+"模式转变，实现了更高层次的保险保障，并带动保险业务实现快速增长。2023 年全年，北海水产养殖保险实现保费收入274.95 万元，2024 年上半年，水产养殖保险保费收入更是达到531.44万元，保费规模已经为上年全年的近 2 倍，承保数量 1.07 万亩，是上年全年的 5.4 倍，北海渔业保险呈现高速发展的良好态势。

二是助力北海"蓝色粮仓"建设取得新进展。截至 2023 年末，珍珠贝养殖风力指数保险累计为全市 8636 亩珍珠贝提供风险保障6866.71 万元，金鲳鱼养殖风力指数保险、对虾养殖风力指数保险、对虾价格指数保险、金鲳鱼价格指数保险等险种分别累计为养殖企业（个人）提供风险保障 1.34 亿元、1.16 亿元、4637 万元、300 万元。2023 年全年，水产养殖保险完成赔付 442.46 万元，同比增长 66.02%。风险保障的落地为北海渔业产业发展提供了坚实保障，2023 年全市水产品产量达 125.65 万吨，渔业产值达 212.43 亿元，水产品产量稳居全区第一。

三是风险减量助力"险""企"发展到达新高度。通过降风险、降保险公司产品成本，推动解决海洋牧场保险供需错配矛盾，促进养殖企业行业发展,"政保企"海洋实验室已受理了多家水产养殖企业的检测申请,涉及水质检测、病害诊断等多个方面,触达周边养殖面积约1.73万亩,成为当地海水养殖户的"家庭医生",真正解决了养殖户的后顾之忧。2023年,北海市新建深水网箱404个,新增养殖面积5.13万亩,行业产业规模快速扩大。

二 创新点

(一)"保险机构+",完善金融体系支持现代海洋牧场建设

引进专业保险机构中国渔业互助保险社广西分社落地运营,其是北海市首家保险公司省级分支机构、首家聚焦渔业的互助保险公司,也是首家由"非营利"互助组织转制为保险公司的机构,进一步提升了渔业保险专业化、市场化、高效率发展水平。自其成立以来,已累计实现保费收入2092万元,为海洋渔业产业提供风险保障116亿元。鼓励保险机构设立海产养殖等6个保险专业服务中心,组建业务团队深入一线调研挖掘海洋牧场保险需求,"一户一策"制定金融服务方案,助力现代海洋牧场高质量发展。

(二)"保险产品+",保农护农激活海洋牧场经济

在全国首创推出珍珠贝养殖风力指数保险,财政补贴比例高达70%,采取指数设计方式,灾害等级触发对应指数阈值即可申请赔付,无须现场查勘定损,保险理赔服务效率高,被海洋牧场企业普遍接受。风灾、海产品价格等数据来自气象局网站等第三方平台,有效减少了理赔纠纷。拓展推动对虾和金鲳鱼养殖风力指数保险、价格指数保险等特色险种落地,提供风险保障超3.58亿元,经营主体呼声较高的赤潮指数保险、病虫害防治保险正在紧锣密鼓研发当中,满足养殖户多层次保障需求,激发海洋牧场经济发展活力。

（三）"保险模式+"，防灾减损筑牢保障网助力海洋风险减量

依托保险机构的人力物力财力，借助政府部门专家人才、技术和大数据平台建成全区首个"政保企"海洋实验室。在标的精准化管理方面，将全市水域数据进行空间化、数字化、系统化管理，为承保标的空间位置精准管理和风险评估奠定坚实基础；在风险监测、预警和化解方面，运用卫星遥感数据，实现远程监控、预警提醒，实时监测海洋牧场水质、水温、盐值、病害等指标，为养殖户提供病害防治、养殖规模及设施优化等服务，实现了海洋牧场风险早预警、早预防、早处置。

三　应用价值

（一）"保险+"模式能有效提升海洋牧场发展水平

一方面，"风险减量+保险+科技"能有效助力海洋牧场企业防灾减损，海洋实验室自成立以来，为经营主体提供病虫害研究及灾害预警等全方位服务，有效降低海水养殖风险，助力减损超 1000 万元，促进了产业主体、政府各级、金融机构之间的良性互动，推动海洋牧场产业转型升级，助力北海金鲳鱼规模位居全区第一。另一方面，"实验室+保险"能有效助力契合海洋牧场风险需求的保险产品研发供给，充分发挥保险兜底保障作用。依托海洋实验室创新产品平台，保险公司能获取养殖户保险需求、历史灾害疫病数据、关键影响因子等信息，既调动了保险公司产品研发创新积极性，也促进了防灾减损与加强风险保障的良性循环。

（二）"保险+"模式能有效提升综合金融服务水平

通过发挥海洋牧场保险保单增信功能，将保险保障与信贷产品有机

结合起来，形成"海洋牧场+保险增信+养殖户用信"新模式，在提高养殖户抵御风险能力的同时，既能增加经营主体融资额度，又能降低金融机构贷款风险，破解了海洋牧场企业"融资难、融资贵"问题，形成"银行敢贷款、保险愿保障、主体有信心"的三好局面，如建行北海分行创新出台《海水养殖行业授信业务审批指引》，在保险先期介入的前提下可高效跟进给予融资支持。

（三）"保险+"模式应用场景十分丰富

除了养殖水产品以外，还可将"保险+"模式应用到养殖装备设施、水上货物运输、渔业安全生产、人身意外伤害、海洋碳汇价值等方面，形成"一揽子"综合保险服务，为海洋牧场提供多层次的综合风险保障，覆盖从工程建设到养殖生产再到水产品销售所面临的全流程风险，实现海洋牧场全产业链综合风险保障。

本文组织编写团队：国家金融监督管理总局北海监管分局

北海市财政局

执笔人：周丽芬、钟翀、杞会云

创新蓝色碳汇保险　助力实现
碳达峰碳中和目标

近年来，利用海洋资源储存和捕获温室气体的海洋生态碳汇正在成为重要发展方向。创新蓝色碳汇保险是贯彻落实积极应对气候变化的国家战略，推动经济社会全面绿色低碳转型，助力碳达峰碳中和目标实现的重要举措。国家金融监督管理总局防城港监管分局（以下简称"防城港金融监管分局"）和防城港市财政局密切关注辖区牡蛎养殖产业的发展，通过创新金融产品、强化银保联动等措施持续优化金融服务，主动融入海产养殖产业高质量发展大局，为"金融助力广西向海经济高质量发展"探索可复制、可推广的新思路。2023 年，广西为防城港海产养殖企业 100 亩牡蛎提供 60 万元的蓝色碳汇价值灭失风险保障，助力牡蛎养殖产业发展。

一　案例简介

（一）背景情况

1. 蓝色碳汇和海洋碳汇指数保险

海洋在固碳方面具有无可替代的重要地位，海洋储存了地球上约 93% 的二氧化碳且每年可以清除 30% 以上排放到大气中的二氧化碳，是地球上最大的碳汇，促进海洋碳汇发展，开发海洋负排放潜力，是实现碳达峰碳中和目标的重要路径。

　　由于海洋养殖查勘定损复杂，海洋灾害易造成海洋碳汇生态系统大面积损毁，固碳效果缺乏有效保障，因此需要相应的保险产品为其提供保障。现有海洋碳汇保险多采用指数的方式理赔，以实现其损失补偿、风险管理、资金融通的功能。参照海洋碳汇产品的增汇能力、碳汇市场交易价格等制定海洋碳汇指数保险方案，既能有效化解养殖过程中的灾害风险，又能借助保险杠杆，将损失补偿用于灾后海洋碳汇资源救助、生态保护修复等生产活动，为激活蓝色生态链注入新动能。

　　2. 依托蓝色经济资源，结合群众急难愁盼向海探寻新路径

　　牡蛎作为全球海洋贝类养殖生物之一，在福建、广东、山东、广西等地均有养殖基地。其中长牡蛎是最主要的养殖物种，一般亩产500~700千克。研究表明，牡蛎具有强大的固碳能力，每亩牡蛎每年能够固碳约1.4吨，固碳能力是红树林的7倍。目前，防城港正在加快推进牡蛎养殖产业的发展，从技术、海洋空间、政策等渠道对牡蛎养殖给予大力支持。2020年以来，防城港在广西外海试验养殖耐高盐、高产量、周期短的三倍体葡萄牙牡蛎，新增浮筏养殖1.3万亩，成效明显。防城港金融监管分局联合防城港市财政局抓住辖区海洋经济发展的"牛鼻子"，以牡蛎作为切入点，指导机构开发蓝色碳汇金融产品。

　　3. 紧抓牡蛎养殖产业发展需求，为沿海产业发展注入蓝碳价值和金融动力

　　2023年12月习近平总书记在广西考察时提出"解放思想、创新求变、向海图强、开放发展"16字总要求，① 防城港牢记习近平总书记殷切嘱托，着力"向海而兴、向海图强"，坚持陆海统筹，释放"海"

---

① 《习近平在广西考察时强调：解放思想创新求变向海图强开放发展　奋力谱写中国式现代化广西篇章》，中国政府网，2023年12月15日，https://www.gov.cn/yaowen/liebiao/202312/content_ 6920518. htm。

的潜力，拓展蓝色空间。借鉴"绿色保险+绿色信贷"模式，强化银保合作，打通了银行、保险在蓝色碳汇领域的"任督二脉"，对各地发展碳汇金融具有很大的借鉴意义。

（二）主要做法

一是抓牢抓实地方特色经济"核心资源"，促以"联"固基。多维度搭建沟通协调机制，积极利用防城港市碳捕获利用工作专班和市双碳工作专班政策资源，通过走访座谈、实地调研等方式与防城港市财政局、市农业农村局、市海洋局等相关部门下好"谋划棋"。防城港金融监管分局强化责任担当，统筹考虑防城港海域使用特点，多方沟通征求意见，找准了牡蛎这一海洋资源作为切入点，指导保险、银行双机构合作，为养殖户打造信贷养殖保险新形式。

二是抓牢抓实海洋产业发展"核心需求"，促以"需"提效。立足于防城港作为全国四大渔场之一的产业优势以及海产养殖金融服务的难点痛点，防城港金融监管分局和市财政局等相关部门强化与海洋生物、海洋研究所等部门的协同，深入开展联合调研，分析海产养殖户的实际困难，优化服务效能。防城港金融监管分局调研发现，辖区牡蛎养殖产业基础薄弱，传统意义上的保险融资或银行信贷思路难以为产业提供"金融活水"。首先是地理环境和气候变化影响，牡蛎养殖易受海洋环境、气象条件的影响，养殖企业抗风险的技术能力不足；其次是金融产品创新动能不足，保险公司自主研发与牡蛎养殖风险适配性产品不足，"想保尽保"受限，银行对牡蛎养殖抵押担保方式创新不够，"想贷能贷"受制，迫切需要从金融领域解决如碳汇价值定价、保险产品缺失、信贷抵押物不足、贷后监管难等一系列问题。为此，防城港金融监管分局指导机构聚焦牡蛎产品，精准"画像"，创新推出防城港市牡蛎碳汇风力指数保险。

三是抓牢抓实金融资源整合"创新渠道"，促以"新"争优。

搭建"政银保研"四位一体合作机制，创新研发海洋保险金融产品。一方面将政府政策和相关研究成果相结合，为"银保合作"提供政策支持和理论基础。另一方面充分发挥金融牵线搭桥的作用，将金融延伸到海洋生态产业链中，创新保险产品和服务方式，大力推进"保险＋银行"的有机融合。保险公司在合理评估牡蛎碳汇总量基础上，以牡蛎碳汇价值灭失作为补偿依据，以牡蛎因遭遇特定海洋气象灾害风险而导致的碳汇价值灭失作为保险责任，计算相关碳汇价值灭失的损失，设计保险产品。推出防城港市牡蛎碳汇风力指数保险，科学计算出保险金额为牡蛎碳汇 6000 元/亩，保险费 156 元/亩，为防城港海产养殖企业 100 亩牡蛎提供 60 万元的蓝色碳汇价值灭失风险保障。与此同时，防城港金融监管分局引导和推动桂林银行防城港分行强化抵押担保方式创新，通过蓝色碳汇保险以保单质押方式发放绿色贷款 60 万元。这一方式打通了银行、保险机构"抵押物"和"碳汇瓶颈"的联系，充分保障牡蛎固碳的生态效益和经济价值，有效盘活了牡蛎丰富的碳汇资产，使得牡蛎养殖产业获得蓝色碳汇和生产经营的双重保障，填补了广西蓝色碳汇"保险＋信贷"的空白。

（三）取得的成效

2023 年，防城港金融监管分局和市财政局，一方面创新产品兜牢企业包产增收底线的路径，围绕加强海洋资源利用、构建中国—东盟命运共同体积极创新金融产品，指导保险机构以牡蛎因遭遇特定海洋气象灾害风险而导致的碳汇价值灭失作为保险责任，充分保障牡蛎固碳的生态效益和经济价值，推动太保财险防城港中心支公司成功签发广西首单蓝色碳汇保险，为企业提供 60 万元的蓝色碳汇价值灭失风险保障。另一方面深化"银保合作"增添双重保障，指导桂林银行防城港分行积极跟进，将蓝色碳汇保险保单以质押方式发放绿色贷款 60 万元，有效拓宽"蓝色碳汇"金融思路。据统计，截至 2023 年，防城港辖区拥有的可养殖牡蛎的面积为 19.59 万亩，每年可固碳 27.43 万吨。可办理碳汇风力指数保险，提供风险保障 11.75 亿元。

二　创新点

（一）创新保险保障对象，促进养殖户积极开发海洋产品碳汇价值

传统的牡蛎碳汇风力指数保险以牡蛎本身作为保障对象，当牡蛎因自然灾害死亡而产生损失时给予赔偿，保障的是海产品本身。而创新的牡蛎碳汇风力指数保险以牡蛎固定的二氧化碳的价值作为保障对象，当海洋灾害导致牡蛎碳汇价值灭失时给予赔偿，保障的是海产品的固碳能力。碳排放相当于一个新的生产要素，一些碳排放超出限度的企业必须购买碳排放权才能经营。而全球每年化石燃料产生的二氧化碳许多被海洋吸收，防城港约 4 万平方公里的海域就成为一项重要的碳汇资源。创新开发以牡蛎为代表的海洋碳汇指数保险，有助于加深社会对于碳汇价值的开发利用，推动企业和养殖户利用碳汇资源获得融资或增收，倒逼养殖户规范养殖。此举既能推动经济社会全面绿色低碳转型，助力碳达峰碳中和目标实现，又能推动向海经济高质量发展。

（二）优化保险责任认定标准，解决传统海洋保险定损难问题

海洋灾害种类多、发生频率高、分布范围广、损失重，各类海洋灾害长期影响防城港的渔业安全生产。在损失测定方面，传统海洋保险缺乏高效、准确和公正的定损方式。例如，当台风造成蚝排损坏时，难以精确计算出产品的损失数量，保险公司和养殖户常因定损问题产生纠

纷。防城港市牡蛎碳汇风力指数保险通过与气象局对接，约定特定的气象观测站点，依据风速等可量化的气象学指标进行赔付，确保了保险赔付的客观性和公正性，有效解决传统海洋保险定损难的问题，为下一步复制推广打下坚实基础。

（三）构建银保协同机制，实现金融资源的整合创新

建立高效协调联动机制，通过保险公司与银行机构联动的方式，将海洋碳汇保险和银行信贷有机结合，两端发力，创新推出"碳汇价值保险+碳汇抵押"的个性化绿色金融服务方案。在保险承保理赔、贷款支持等金融服务全过程实现沟通协调、政策衔接、信息共享、数据收集核对等无缝对接，将海产养殖的生产全链条有效转化为全流程的金融服务方案。

三　应用价值

（一）为养殖行业健康发展提供新办法

一般海洋农产品的相关保险仅为农业生产过程中受到的自然灾害提供保障，对农产品的质量缺乏足够的支持。防城港金融监管分局指导机构跳出以往碳汇保险仅作为碳汇价值灭失补偿的单一场景，构建更加注重前置保险服务、风险减量管理的"保险+"模式，全过程地参与到绿色治理中。该部门在应用牡蛎碳汇风力指数保险过程中，了解主要规范性养殖技术要求对牡蛎生长的影响程度，并积极建立气象局、农业农村局与保险公司、养殖企业事前防范沟通机制，针对风力、强降雨预告对养殖企业、农户进行风险提示，做好蚝排加固等风险减量工作，在触发保险责任时被保险人得到相应固定赔偿而实际损失减少，为其他农险保险助力海洋产业高质量发展提供借鉴方案。

（二）为深化"银保合作"服务海洋农业发展开辟新路径

在碳汇交易、碳汇体系运行过程中，如何遵循市场规律，创造性地将银行与保险进行"深度联动"，是相关各方迫切需要解决的问题。防城港金融监管分局在前期联合市财政局、市农业农村局、市海洋局推动广西首单蓝色碳汇保险落地的基础上，引导保险公司、银行和第三方评估机构深入合作，加强"保险客户""信贷客户"之间的信息联动，精准挖掘符合条件的优质碳汇经营主体，为防城港海产养殖企业开辟"轻资产融资"的新路径。保险机构在传统海洋保险基础上，挖掘海产品碳汇价值、创新承保内容。同时鼓励银行机构积极探索将碳汇保险单作为质押物，以"保险+信用+融资"的模式为有资金需求的企业和养殖户增信、授信，提供全链条的金融服务。防城港创新的"海洋碳汇保单+绿色贷款"的模式，可以延伸运用到森林碳汇以及农业碳汇保单中，充分保障拥有固碳功能生物、作物的生态效益和经济价值，有效盘活防城港丰富的碳汇资产，同时为因地制宜发展绿色碳汇经济和乡村振兴提供防城港模式。

（三）为因地制宜发展碳汇指数保险打开新思路

森林和海洋是重要的碳汇资源，防城港沿海、沿边森林和海洋生态资源丰富，除海洋资源外，还拥有广袤的森林。以近期完成的红沙环生态海堤项目为例，项目修复了将近1公顷的红树林，红沙环区域生态化改造后，每公顷新增生物量碳汇18.23吨，总生物量碳储量增加18.07吨。但新种植的红树林幼苗易受台风等自然灾害的侵袭，导致碳汇价值的大量灭失。创新牡蛎碳汇风力指数保险不仅可以将碳汇风力指数保险这一保险责任推广到以红树林为代表的其他生物资源上，还能在风力基础上扩展其他指数用以核定保险责任，为防城港广阔的海产养殖区域、广袤的森林和农田提供有力的风险保障。

本文组织编写团队：国家金融监督管理总局防城港监管分局
防城港市财政局
执笔人：周永雄、李佳鑫、陈乐茵

落地边民互市贸易"互贸通"业务

为贯彻落实好《广西壮族自治区建设面向东盟的金融开放门户总体方案》（以下简称《总体方案》）中"开展口岸贸易结算互联互通体系建设"的要求，加快"互贸通"（龙邦）、"线上互市"平台建设，规范边民互市贸易进口及国内交易环节管理，推动互市贸易全流程线上开展，助力智慧口岸建设，2023 年 11 月 28 日，广西首笔"互贸通"（龙邦）平台线上结算（以下简称"'互贸通'业务"）在柳州银行靖西龙邦支行成功落地。

一　案例简介

（一）背景情况

优化调整疫情防控措施后，龙邦口岸恢复通关，为落实广西壮族自治区市场监督管理局、中国人民银行南宁中心支行等五部门联合印发的《关于促进边民互市贸易进口商品二级市场交易改革的指导意见》，依托边民互市二级市场发展，以及落地加工企业的迫切需求，建设并运营互市贸易综合服务平台，即"互贸通"（龙邦）平台，探索构建可复制、可推广的边民互市二级市场电商、落地加工企业、边民交易市场配套服务模式，助力边民互市贸易创新发展。

广西壮族自治区商务厅于 2023 年 2 月 17 日和 2023 年 11 月 24 日先后下发《关于征求〈2023 年全区商务工作要点（征求意见稿）〉意见的函》和《关于征求〈广西互市贸易"一平台三市场"建设实施方案

（征求意见稿）〉意见建议的函》，要求聚焦边境贸易产贸融合创新发展，推动边境贸易大幅回升，深化二级市场交易改革，加快"互贸通"（龙邦）、"线上互市"平台推广运用，推动互市贸易全流程线上开展，支持内外贸融合发展。

优化调整疫情防控措施后，龙邦口岸互市贸易进口货物年均通关量为 45 亿元，但通过银行结算的才 12 亿元，偏离度很高，中国人民银行广西壮族自治区分行和国家外汇管理局广西壮族自治区分局关注跨境结算的合规性和数量，力推人民币跨境结算方式，同时也严格要求商业银行做好展业三原则，要求每笔跨境结算都要有真实的贸易背景，实现"真边民、真交易、真结算"。且海关的系统在更新、口岸贸易主体在变化，现在的数据核实方式已不能满足结算需求，需根据口岸政策变化对边民互市贸易进行改进。

在此背景下，柳州银行抓住边民互市贸易政策实施机遇，立即着手"互贸通"业务的推进工作，深入研究《关于促进边民互市贸易进口商品二级市场交易改革的指导意见》、《2023 年全区商务工作要点（征求意见稿）》及《广西互市贸易"一平台三市场"建设实施方案（征求意见稿）》等相关文件，从业务模式更新、系统改造、管理办法制定、边贸业务协议签订等方面，以"互贸通"（龙邦）平台为基础，利用金融科技手段，实现线上资金清算，升级柳州银行边民互市贸易的服务。

（二）主要做法

1. 党委层面决策部署

为推进"互贸通"业务落地，柳州银行高度重视项目实施，组建专班推进、强化工作联动。由柳州银行建设面向东盟的金融开放门户领导小组牵头，负责该项目的立项、开发、测试及上线工作。柳州银行党委书记、董事长谢斌亲自带队到靖西龙邦口岸走访，提出"认真研究、加快推进、克服困难、顺利上线"16 字工作方针，为项目顺利落地提供了坚实的组织保障。

2. 总分机构通力协作

"互贸通"业务作为一项创新业务，涉及账务处理、系统开发、协议签订、制度建立等方面，在分支机构提出业务需求后，总行贸易金融部、法律合规部、运营管理部、信息科技部、个人金融部、数字银行部等相关部门全力配合，先后召开线上线下会议 10 多次。各部门紧密合作，无缝对接，打通堵点、破除痛点、解决难点，协力推动"互贸通"业务落地落实。

3. 特色支行专营办理

为做好"互贸通"（龙邦）平台上线具体工作，柳州银行利用靖西龙邦支行在龙邦口岸的区位优势，与口岸管理部门、监管机构、"互贸通"（龙邦）平台运营公司等进行"面对面""一对一"沟通，及时了解和收集"互贸通"（龙邦）平台建设情况，当好一线、二线的"桥梁"和"纽带"，让"互贸通"的建设需求与实际效果形成完美契合，确保"真边民、真交易、真结算"，真正让边民享受到政策优势带来的红利。

4. 政银企携手推进

"互贸通"业务作为龙邦口岸的边民互市贸易业务，当地监管机构、口岸运营公司、银行等，相继召开边民互市二级市场建设推进会，搭建合作平台，促进资源共享。这样，该项目既有内部协作联动作支撑，也有外部驱动助力作保障。"内+外"结合的深度协同模式，有利于全方位、立体化、多维度保障项目高质高效推进。

（三）取得的成效

1. 让边民互市贸易更合规

为避免采购企业或边民利用边民互市贸易进行洗钱、逃税等非法交易，通过"互贸通"（龙邦）平台将采购企业、普通边民、边民代表、平台公司进行相关账号签约，形成白名单管理；将"边民—企业"的订单、资金、票证流进行全面的管理，边民销售业务的货物单据、资金流水、增值税发票在系统中存档，以符合海关、税务、商务等职能部门的管理要求，能清晰地匹配货物流和资金流；将"边民—企业"的资金往来与银行进行系统对接，实现数据互通、平台留存记录存证，同时，边民卡交易仅限在平台使用，提高了客户资金的安全性，便于相关职能部门后续查核，以减少洗钱、逃税等业务风险。

2. 让边民互市贸易提质增效

"互贸通"业务由原来的 7 个业务节点缩短至 3 个业务节点，由原来办理 1 笔边民互市贸易结算需 1 天缩短至 1 个小时，大大提高了金融服务跨境结算的效率和安全性。"互贸通"（龙邦）平台自上线以来累计开立边民卡 8300 张，个体工商户注册 4000 户，边民互市贸易结算约 8600 万元，这也标志着柳州银行的跨境金融综合服务水平迈上新台阶。

3. 让金融科技赋能边民互市贸易

该平台上线后让边民、企业的业务办理由线下变为线上，更加便民，便于企业在平台代理缴纳各项税费；通过对边民、国内贸易加工企业的账户开立及日常交易监管，利用系统监测业务，减少人工审核工作，提高业务检查效率；利用边民、国内贸易加工企业、平台公司、银行线上方式签订四方协议，实现资金扣划的真实性、合规性、准确性、便利性。

二　创新点

（一）协议和制度的创新

"互贸通"业务作为一项新的业务，没有成功案例可以参考，柳州银行根据监管制度及管理办法先行的要求，在详细研究分析了相关部门出台的文件后，制定了《柳州银行互贸通平台资金结算管理办法》、

《柳州银行互贸通平台业务操作规程》及《互贸通（龙邦）线上互市交易服务系统 V1.0 操作手册》，与边民、平台、客商、代理缴税公司等签订了《委托资金归集三方协议书》、《广西"互贸通"平台资金结算协议》及《靖西市边民互市贸易进口商品"互贸通"（龙邦）平台系统对接合作协议》等，让"互贸通"业务的办理既合规又便捷。

（二）业务模式的创新

现行的由线下银行转账的方式，不能满足未来边民互市贸易的需求，需要对业务进行变革和升级。

1. 线上转账清分

企业收货并确认付款，由"互贸通"（龙邦）平台发送指令，实现企业账户向多个边民"收益账户""交易账户"电子转账。边民"收益账户"可自由支配；边民"交易账户"的交易货款锁定。

2. 线上归集扣款

边民"交易账户"到账后，"互贸通"（龙邦）平台发送指令，实现多个边民账户集中划转归集至边民代表的指定结算账户。

3. 边民"交易账户"分普通边民和边民代表两种

两种"交易账户"以白名单区分，实现在签约过程中建立白名单。其中普通边民"交易账户"进行使用渠道和金额限制，"交易账户"只限制在"互贸通"系统收款和付款，且限制每日转入和转出金额均在 8000 元人民币以下；边民代表"交易账户"只限制在"互贸通"系统收款，柜面办理跨境结算，金额无上限。

4. 归集资金环节

一是"边民+边民代表公账+银行"，签订三方协议，按"互贸通"（龙邦）平台指令，将多个边民"交易账户"资金（含货款、培训服务费），划转归集至边民代表公账。边民代表公账资金流向为：货款支付到越南供货商；培训服务费转至边民合作社。

二是"边民+平台公司公账+银行",签订三方协议,按"互贸通"(龙邦)平台指令,将多个边民"交易账户"资金(税款),划转归集至平台公司公账。

(三)"互贸通"业务参与者更多

口岸园区内的落地加工企业也是边民互市贸易中重要的部分,根据监管要求货物进口后需由落地加工企业在园区内进行二次加工或者转卖给国内的买家,也就是"互贸通"(龙邦)平台中的二级市场的交易,这不仅规范了边民互市贸易业务流程,让更多的交易主体参与进来,也使边民互市贸易更加活跃。

(四)金融科技赋能跨境业务

柳州银行近年来多次举行全行数字化转型培训会,这次"互贸通"业务是柳州银行首次将银行系统与行外平台系统进行对接,体现了金融科技赋能跨境业务、数字化转型迈出重要一步,为柳州银行未来与其他平台系统合作提供借鉴。

三 应用价值

柳州银行广西首笔"互贸通"业务在靖西龙邦支行的成功落地,体现了柳州银行在龙邦口岸边民互市贸易业务中先行先试的创新精神,为边民互市二级市场电商、落地加工企业、边民交易市场提供了配套服务,助力边民互市贸易创新发展。

一是将《总体方案》中"开展口岸贸易结算互联互通体系建设"落到实处。"互贸通"业务将传统的线下业务转成利用科技手段后的线上业务,对搭建包含国外展销、互市采购、通关申报、贸易结算、商品销售、缴纳税款全流程数据的口岸贸易结算互联互通平台起到积极的推动作用。

二是对广西互市贸易"一平台三市场"建设起到积极的推动作用。监管部门研究制定了《广西互市贸易"一平台三市场"建设实施方案（征求意见稿）》，将龙邦口岸边民互市贸易列为试点，而柳州银行落地的"互贸通"业务也走在前列，在后续"一平台三市场"建设过程中也将提供一些经验，促进进口互市商品落地加工示范区建设。

三是"互贸通"业务可复制推广。"互贸通"业务是基于口岸边民互市贸易的背景而产生的，其涉及的贸易背景审核、资金归集和清算、跨境支付、国际收支申报、报关单核验等环节在广西其他口岸也基本上大同小异。该项目不仅可以在广西区内地方法人金融机构进行推广和复制，也可以推广到其他地方法人金融机构中去。

柳州银行将以此为契机，根据《总体方案》的要求，聚焦边境贸易产贸融合创新发展，深入推进边境贸易系统化改革，支持"沿边内地联动，产业贸易融合"，加快边贸转型升级，推动边境贸易大幅回升。未来应不断完善现有的"互贸通"（龙邦）平台，不断提高服务边民、服务边境的能力，积极服务和融入构建新发展格局，在促进兴边富民、推动广西边境高质量发展上展现更大作为。

需要注意的是，边民互市贸易指边民在我国陆路边境20公里以内，经政府批准的开放点或指定的集市上，在不超过规定的金额和数量范围内进行的商品交换活动；边民通过互市贸易进口的生活用品（列入边民互市贸易进口商品不予免税清单的除外）每人每日价值在8000元人民币以下的，免征进口关税和进口环节税。

边民指边境地区的老百姓，边民持边民证可参与互市贸易，"互贸通"业务边民分普通边民和边民代表两种，以白名单区分。

边民代表公账是指边民代表在当地监管部门注册商行开立的对公账户，主要用于归集边民的货款、培训服务费，将货款跨境汇至越南供货商，将培训服务费转给边民合作社。

　　平台公司公账是指边民纳税的代理公司，是经当地监管部门指定的混改公司，主要用于归集边民的销售税款，纳税开票。

　　　　　本文组织编写团队：柳州银行股份有限公司

　　　　　　　　　　执笔人：张超、陈世青、卢布

"四位一体"推动产品创新 支持加速打造面向东盟的新能源汽车产业链

新能源汽车产业作为我国重要的战略性新兴产业，科技含量高、产业链条长，日益成为绿色低碳转型、经济持续增长的重要引擎。广西作为我国重要的汽车产业基地，自治区政府出台了系列政策支持新能源汽车产业发展。中国进出口银行广西分行坚持内引外联，通过创新"行内联动+银团撬动""融智驱动+融智支持""基础设施基金+基础设施贷款""境内贷款+跨境金融"等金融服务模式，综合运用多种政策性金融创新产品组合，发挥引领带动作用，实现对广西新能源汽车整车制造、动力电池、充电桩基础设施等全产业链的闭环支持，创新服务新能源汽车"出海"，加速打造面向东盟的产业链和供应链，为金融支持广西新能源汽车全产业链创新发展提供了经验模式，增强了示范效应。

一 案例简介

（一）背景情况

党的二十大报告提出，要积极稳妥推进碳达峰碳中和，推动能源清洁低碳高效利用。发展新能源汽车是推进交通领域清洁低碳转型的重要途径，打造以新能源汽车为代表的清洁能源应用场景是迈向碳中和的必经之路。国家大力支持新能源汽车的发展，加大财税扶持力度。加快培育和发展节能与新能源汽车产业，促进新能源汽车产业做大做强。

自治区党委、政府高度重视新能源汽车产业发展，出台了《广西新能源汽车产业发展"十四五"规划》等政策，要求全区坚持"强龙头、补链条、聚集群"，大力培育新能源汽车产业集群，提出到2025年，建成国内重要的新能源汽车生产基地、研发基地和产业链核心零部件配套生产基地，生产规模居全国前列的目标，并提出支持以上汽通用五菱公司等企业为主的研发与生产格局，建设面向东盟的南方汽车出口制造基地。

近年来，广西依托重点新能源汽车企业带动行业快速发展，但是总体来看，广西新能源汽车产业链尚不健全，新能源电池等关键零部件本地化生产率低，企业可控电池产能不足，导致受市场波动影响较大，主流新能源汽车产品以入门级车型为主，随着市场竞争压力加大，销量呈现下滑趋势，产品结构存在向上升级的迫切需求。自治区政府依托中国—东盟产业合作区等平台，加大新能源汽车领域"引资入桂"工作力度，加快打造面向东盟的产业链和供应链，为政策性金融服务新能源汽车产业发展提供了平台。

（二）主要做法

1. 加强政策研究，找准工作切入点

我国从战略发展全局高度推动新能源汽车产业发展，国家层面，出台了《新能源汽车产业发展规划（2021—2035年）》，要求深化新能源汽车"三纵三横"研发布局，加快新能源汽车核心技术攻关，加快构建新能源汽车产业生态链。自治区层面，出台了《推进广西汽车工业转型升级发展工作方案》《广西新能源汽车产业发展"十四五"规划》《关于支持广西新能源汽车推广应用的若干措施》等系列政策。进出口银行广西分行专门成立新能源行业小组，做好行业政策、产业发展现状和趋势研究，与行业企业加强调研，找准政策性金融工作切入点和发力点，充分发挥进出口银行政策性金融优势，为广西新能源汽车全产业链发展提供有力的信贷支撑。

2. 增强头部效应，支持龙头企业加快技术创新

新能源汽车技术创新密集，产品更新换代周期缩短，对汽车企业提出了更高要求。近年来，广西新能源汽车产品以 A0 级车型为突破口，产生了多款热销车型，但是由于市场竞争激烈，产品销量有所下降，存在较大的技术升级需求。针对以上情况，进出口银行广西分行加大与龙头企业上汽通用五菱公司对接力度，为企业量身定制金融服务方案，支持企业加快推进"一二五"工程，加强新能源汽车核心技术攻关，加快新产品研发，提高市场竞争力。2023 年，上汽通用五菱公司首次推出五菱星光这一新能源轿车车型，进一步丰富了产品体系，推出五菱缤果等多款换代车型，使之成为提振销量的重要支撑。支持广西汽车集团下属柳州五菱柳机动力有限公司研发新能源汽车混合动力系统，进一步完善新能源汽车产业链，提升行业整体竞争力。

3. 聚焦产业短板，推动动力电池领域"引资入桂"

动力电池是新能源汽车关键零部件，广西新能源汽车电池本地化生产率低，特别是本地新能源车企可控电池产能偏少，导致受市场价格、供应波动影响较大。针对以上情况，进出口银行广西分行大力落实自治区"三企入桂"工作要求，利用进出口银行战略客户及重点客户资源，加强动力电池等新能源汽车产业链项目金融配套，牵头设立 37 亿元银团贷款支持青山集团和上海汽车集团合资的赛克瑞浦 20GWh 动力电池系统项目及瑞浦赛克 20GWh 动力电池（电芯）项目落户广西，用于相关电池系统、电芯项目建设，该项目通过将青山集团资源优势与上海汽车集团产业优势结合起来，有效助力广西新能源汽车产业强链补链，带动优化新能源汽车全产业链布局，加快打造国际新能源汽车产业高地。

4. 依托"口行优势"，服务新能源汽车"走出去"

新能源汽车正日益成为我国出口的"新三样"。进出口银行广西分行充分发挥政策性金融引领作用和对外经贸领域服务优势，将优质的信贷资源向新能源汽车"走出去"领域倾斜，加大出口信贷、外贸企业

发展贷款等政策性特色金融产品运用力度，支持广西的新能源汽车订单出口，助力广西建成国内重要的"乘商一体"新能源汽车生产基地和面向东盟的南方汽车出口制造基地。

5. 坚持投贷联动，加快建设充电基础设施体系

为落实国家《关于进一步构建高质量充电基础设施体系的指导意见》，大力支持广西充电基础设施体系建设，助力破解新能源汽车"找桩难"问题，2023 年，进出口银行广西分行在前期基础设施基金投放的基础上，向相关公司发放基金配套贷款，用于南宁市公共充换电设施及储能项目建设。

（三）取得的成效

1. 新能源汽车领域贷款加速投放

2023 年以来，进出口银行广西分行通过行内联动、牵头银团，引领带动 39.36 亿元支持广西新能源汽车产业发展，新能源汽车产业相关贷款余额达到 43.30 亿元，新能源汽车企业贸易金融业务累计金额 10 亿元，支持客户涵盖上汽通用五菱公司、广西汽车集团等龙头企业和产业链上下游企业，为广西新能源汽车产业创新发展注入了政策性金融"动力"。

2. 加速打造广西新能源汽车出口"新名片"

在进出口银行广西分行支持下，上汽通用五菱公司等龙头企业加快新能源汽车出口（见下图），为 2023 年全区汽车出口实现 47.7% 的增长提供了有力支撑。其中，上汽通用五菱公司新款车型五菱 Air ev 亮相印度尼西亚，成为 2022 年 G20 峰会官方用车，提高了广西新能源汽车全球影响力。2024 年 1~4 月上汽通用五菱公司连续位居印度尼西亚新能源市场销量第一。广西汽车集团开发的新能源纯电物流车首次出口日本，实现了 RCEP 国别新突破。

3. 支持引入的动力电池项目投产运营

支持的柳州区域最大的电池制造项目赛克瑞浦 20GWh 动力电池系

支持新能源汽车整装"出海"图

资料来源：广西汽车集团提供。

统项目及瑞浦赛克20GWh动力电池（电芯）项目正式投产运营，不仅补齐了广西动力电池领域短板，还对本地新能源汽车产业链和供应链起到了"稳定器"的作用。在此基础上，进出口银行广西分行通过做好前期配套金融方案，积极促成项目二期建设工作加快落地。

4. 支持充电基础设施进一步完善

进出口银行广西分行支持的南宁市公共充换电设施及储能项目建设，采用分阶段、分站点投资建设约200座充电站，以及4000个充电桩及相关配套设施，提升了新能源汽车使用便利度，有效缓解了新能源汽车"充电难"问题。

二　创新点

（一）创新"行内联动+银团撬动"模式，为广西新能源整车企业量身定制金融服务方案

在该案例中，运用不同产品组合，量身定制金融服务方案。发挥政

策性金融引领作用，增强乘数效应。新能源汽车产业单个项目投资金额大，进出口银行广西分行创新"行内联动+银团撬动"模式，先由进出口银行广西分行与浙江分行、上海分行等项目业主属地分行行内联动，发挥主导作用，通过牵头银团带动商业性金融资金投入，共同支持项目建设，实现了"引资入桂"和"银团撬动"的双重效果，进一步增强了乘数效应，有效解决了资金难题。

（二）创新"融智驱动+融智支持"模式，支持广西承接东部新能源动力电池重大项目

广西新能源汽车产业集群化发展水平与东部省份相比仍存在一定差距，进出口银行广西分行进一步发挥政策性金融纽带作用，做广西开放发展的纽带和桥梁、做优质新能源龙头企业扩大与广西合作投资的连接点。在政策方面，2023 年进出口银行广西分行积极促成总行和自治区政府签署战略合作协议，推动总行出台《关于支持新时代壮美广西建设的实施意见》，对承接长三角、粤港澳大湾区新能源汽车产业转移项目的给予信贷政策倾斜。在实践方面，2023 年通过承办总行与自治区政府"'牵手东盟 进银强桂'中国—东盟产业合作区金融洽商会"，组织包括新能源汽车龙头企业在内的全国 30 余家重点客户企业参会。主动搭建银政企共商、共享、共促平台。进出口银行广西分行通过与上海、浙江等新能源汽车产业发达地区系统内兄弟分行沟通，在入桂项目投资规划阶段，提前介入制定项目配套融资方案，为企业加速投资广西提供"融智驱动+融智支持"模式，共同支持青山集团和上海汽车集团合资的赛克瑞浦 20GWh 动力电池系统项目及瑞浦赛克 20GWh 动力电池（电芯）项目落户广西，为广西区内金融机构行内联动支持新能源汽车产业发展提供了可借鉴的经验模式。

（三）创新"基础设施基金+基础设施贷款"模式，支持新能源公共基础设施建设

基于公共充电桩等基础设施投资回报周期长的特点，进出口银行

设立基础设施基金用于补充项目资本金，有效解决新能源基础设施领域公共投入不足的难题，在此基础上加大基金配套贷款投放力度，形成"投贷联动"新模式，加强新能源基础设施供给。强化设备更新改造再贷款、绿色金融债券的应用，有利于降低新能源汽车企业融资成本，将有限的资金更多地用于技术创新等急需领域，加快技术创新步伐。

（四）创新"境内贷款+跨境金融"模式，加速打造面向东盟的跨境新能源汽车产业链和供应链

广西与东盟陆海相连，在自治区着力推动打造面向东盟的产业链和供应链的背景下，进出口银行广西分行充分发挥业务覆盖 160 多个国家的优势，运用出口信贷、外贸企业发展贷款等政策性特色金融产品，向上汽通用五菱公司发放贷款，大力支持广西新能源汽车产品和服务出口，打造出口新兴增长极。通过加强行内沟通，支持上汽通用五菱公司印尼生产基地建设，推动广西自主品牌新能源汽车实现从"借船出海"到"造船出海"的转变，加快新能源汽车产业链全球布局。

三　应用价值

（一）为金融支持新能源汽车全产业链发展提供了参考模式

新能源汽车产业属于资金和技术密集型产业，其产业链长，涉及领域广，不仅需要大规模资金投入，还需要分析产业链上下游企业特点，单一金融机构难以满足项目资金需求，进出口银行广西分行通过综合运用投贷联动、绿色债券、专项再贷款等政策性金融产品，对全产业链进行支持，为金融机构提供了可借鉴的参考模式。

（二）为金融支持新能源汽车"走出去"提供了经验借鉴

经过近几年的快速发展，我国新能源汽车产业整体实现了对欧美等燃油车强国的"弯道超车"，新能源汽车产品在全球范围内具有较强的竞争优势，市场前景广阔，要用好国际国内"两个市场""两种资源"，加快全球特别是"一带一路"共建国家产业布局。进出口银行广西分行立足广西，面向东盟，在支持产业链发展的同时，大力支持新能源汽车出口，以及到东盟国家开展产能和装备制造合作，加快构建面向东盟的新能源汽车产业链，为金融行业发展提供先进经验。

（三）为金融支持新能源汽车"引资入桂"提供了参考范本

广西落实党中央产业链和供应链相关部署，正依托中国—东盟产业合作区，加快承接长三角、粤港澳大湾区等先进地区产业转移，进出口银行广西分行通过"以商招商"，联动总行、兄弟分行，推动新能源关键零部件产业项目快速落户广西，并快速形成生产能力，丰富了广西"三企入桂"金融服务模式，强化了引领示范作用。

本文组织编写团队：中国进出口银行广西壮族自治区分行

执笔人：谭砚、潘保琦、蒋涛

运用"绿色+科创+低碳可持续挂钩"三贴标公司债加快建设国家综合能源保障区

广西能源集团有限公司（以下简称"广西能源集团"）作为广西投资集团有限公司专业化从事能源管理的平台，主动担当地方能源龙头国企责任。党的十八大以来，习近平总书记提出"四个革命、一个合作"能源安全新战略，[①] 广西能源集团牢记嘱托、感恩奋进，解放思想、创新求变，积极向海图强（见图1）、开放发展，加快建设桂中、

图1　广西能源集团海上风电

资料来源：广西能源集团提供。

[①] 《〈新型电力系统与新型能源体系〉首发》，新华网，2023年9月28日，http：//www.xinhuanet.com/energy/20230928/e0e7e105b2a24d21bca76ef99d81c74e/c.html。

桂东、北部湾三大百万千瓦级风、光、水、储多能互补一体化清洁能源基地，加快打造集煤、电、油、气、热于一体的广西区内标杆、国内一流的现代化综合能源强企，加快构建与广西经济社会发展相适应的新型能源体系、新型电力系统。广西能源集团深入贯彻政策为大、项目为王、环境为本、创新为要的发展理念，把握绿色低碳发展总基调，以创新发行绿色债券为抓手，2023年成功发行全国首单"绿色+科创+低碳可持续挂钩"三贴标公司债，这是继全国首单碳中和绿色公司债之后，广西能源集团在债券领域取得的又一次创新突破，助力构建绿色金融、科技创新与绿色产业互促互进、共生共赢的生动局面，以金融产品创新有力支持面向东盟的金融开放门户建设。

一 案例简介

（一）背景情况

为深入贯彻落实党的二十大和中央经济工作会议精神，落实国务院有关工作部署，2023年4月28日中国证监会制定印发《推动科技创新公司债券高质量发展工作方案》，旨在进一步健全资本市场功能，促进科技、产业和金融良性循环，更好支持高水平科技自立自强。

防城港核电站位于广西防城港市企沙半岛东侧，作为西部大开发标志性工程、我国西部地区和少数民族地区第一个核电项目，对保障广西能源安全、促进西部地区和少数民族地区经济社会发展具有重要作用。

"华龙一号"是我国具有完全自主知识产权的三代核电技术，作为"华龙一号"首批示范工程的防城港核电二期工程（见图2）承载着国内示范、国际标杆的重要使命，也是我国在欧洲最大的投资项目英国布拉德韦尔B项目的参考电站，是我国核电"走出去"战略的桥头堡，在我国核电发展历程中具有重要的意义。预计年发电量可达345亿千瓦时，每年可减少标准煤消耗超 1041.9 万吨，减少二氧化碳排放约 2842.8 万吨，对促进广西能源绿色转型、保障能源安全供应、提升能源系统效率、保障"双碳"目标如期实现具有重大意义。防城港核电三期工程将继续采用"华龙一号"三代核电技术，进一步推动我国三代核电技术的创新和应用，带动核电装备制造业等相关产业发展。

图 2 广西防城港核电二期工程

资料来源：广西防城港核电有限公司提供。

（二）主要做法

1. 紧跟国家政策，打造"绿色金融+清洁能源+科技创新"融资发展新模式

广西能源集团对中国证监会制定印发的《推动科技创新公司债券高质量发展工作方案》中重点内容进行分析研究，包括扩大科技创新资金供给、优化审核机制、设立审过即发的"绿色通道"等，紧抓政策窗口，同时结合广西能源集团旗下参股企业防城港核电二期、三期项目特点，发现核电项目可同时满足科技创新及绿色发展需求的属性，立

即开展与深圳证券交易所（以下简称"深交所"）审核老师的积极沟通，在了解项目情况及债券要素情况后，该期债券发行获得了深交所的大力支持，首创性地打造了"绿色金融+清洁能源+科技创新"融资发展新模式，以金融"活水"支撑能源产业科技创新和绿色低碳高质量发展。

2. 设置考核指标，彰显广西能源集团绿色发展雄心

2021年3月，全球能源互联网发展合作组织发布《中国2030年能源电力发展规划研究及2060年展望》，提出全面实施"两个替代"，促进"双主导、双脱钩"，构建清洁低碳、安全高效的现代能源体系以及以新能源为主体的新型电力系统。2022年9月，广西壮族自治区人民政府办公厅印发了《广西能源发展"十四五"规划》，明确指出广西区位优势独特，是开发核电、陆上风电等清洁能源的有利地区，加快陆上风电规模化。

该期债券在充分分析能源电力行业发展现状和地区清洁能源现状的基础上，结合《中国2030年能源电力发展规划研究及2060年展望》和《广西能源发展"十四五"规划》，全面推进陆上风电集中开发（见图3），选定

图3 广西能源集团陆上风电升压站

资料来源：广西能源集团提供。

"广西能源新增陆上风电控股装机容量"作为关键绩效指标（KPI），选定"2023年8月1日至2025年7月31日，广西能源新增陆上风电控股装机容量不低于60万千瓦"作为低碳转型目标（SPT），彰显绿色发展雄心。

（三）取得的成效

1. 树立全国绿色金融标杆，提升资本市场影响力

广西能源集团债券的成功发行，体现了资本市场对广西能源集团贯彻落实"双碳"目标，加大绿色金融资金投入，聚焦创新绿色金融产品，实现绿色低碳转型升级的高度认可。

经测算，与同等火力发电量相比，该期债券低碳转型目标完成后每年可实现二氧化碳减排131.23万吨，节约标准煤60.11万吨，减排二氧化硫165.91吨，减排氮氧化物265.85吨，减排烟尘33.98吨，为绿色债券助力低碳经济发展做出了重要示范。该期债券受到新浪财经、澎湃新闻等各大新闻媒体的积极报道，显著提升了广西企业在全国资本市场的形象和社会影响力，对完善面向东盟的金融支持体系、加快发展广西绿色金融、拓宽广西企业融资渠道、充分利用国内外市场资金、服务广西实体经济发展具有重要意义。

2. 荣获深圳证券交易所"2023年度绿色发展固定收益产品优秀发行人"称号

此次广西能源集团发行的债券，打造了"绿色金融+清洁能源+科技创新"融资发展新模式，具有良好的示范效应和推广价值，为全国能源绿色低碳发展提供了可复制、可推广的广西样本。

2024年3月11日，深交所召开2023年度债券监管发展业务座谈会，广西能源集团受邀参会并荣获"2023年度绿色发展固定收益产品优秀发行人"称号（见图4）。年度债券监管发展业务座谈会是深交所规格最高的会议，其"优秀发行人"奖项在中国债券市场具有较高的

关注度和公信力，全国共 10 家企业荣获该奖项，广西能源集团是广西唯一一家获得此殊荣的企业，充分体现了债券市场和相关监管部门对广西能源集团在绿色债券市场的优异表现以及高质量发展成效的高度认可。

图 4 "2023 年度绿色发展固定收益产品优秀发行人"奖牌

资料来源：广西能源集团提供。

3. 助力广西防城港核电二期项目顺利投产商运

该期债券募集资金最终用于防城港核电二期项目。2024 年 5 月 25 日，广西防城港核电站 4 号机组投产发电，正式投入商业运行，标志着"华龙一号"防城港核电二期工程全面建成，也标志着中国自主核电技术发展取得又一突破。

防城港核电二期项目顺利投产商运，进一步验证了"华龙一号"技术的安全性、成熟性、先进性，不仅为"华龙一号"批量化建设积累了可借鉴、可复制的宝贵经验，还有力促进我国核电产业链韧性和实力的提升。

二　创新点

（一）全国首单"绿色+科创+低碳可持续挂钩"三贴标公司债

绿色债券和科创债券均为证券交易所市场较为推崇的创新品种公司债，但截至 2023 年 7 月，全国证券交易所市场尚未有同时贴标这三个创新品种的公司债项目发行。广西能源集团根据实际在建项目情况及资金需求，2023 年 8 月成功发行全国首单"绿色+科创+低碳可持续挂钩"三贴标公司债。

该期债券的成功发行，系广西能源集团及参与各方在金融创新领域的积极探索，开创性地运用绿色金融服务科创企业，为资本市场如何更精准支持可持续发展目标实现提供了新范式，加深了相关方对绿色债券的认识和理解，提升了市场参与者对绿色金融工具的认知度与运用能力，丰富了证券交易所债券品种并推动了绿色相关券种的发展，为资本市场结构的开放性改革注入了新活力。其不仅彰显了债券市场在驱动企业低碳转型与科技创新中的积极作用，还为其他行业及地区提供了可借鉴的综合融资解决方案，具有显著的引领和示范意义。

该期债券打造了"绿色金融+清洁能源+科技创新"融资发展新模式。传统金融模式往往侧重于财务回报，"绿色金融+清洁能源+科技创新"的新模式则更注重项目的环境效益和社会影响。该模式通过绿色债券、科创债券、碳金融等新型金融工具，为清洁能源项目和科技创新企业发展提供长期、低成本的资金支持，以市场化的方式激励清洁能源科技创新，推动能源转型，激发科创活力，同时进一步促进清洁能源与科技创新的深度融合，支持该新兴领域的技术迭代，开创性地以绿色金融为这一跨学科、跨行业的合作提供资金桥梁，加速了清洁能源技术从实验室到市场的转化。

（二）广西首单"科技创新"公司债

广西能源集团在绿色属性的基础上充分挖掘防城港核电二期项目科技创新属性，成功发行广西首单"科技创新"公司债。该期债券募集资金最终用于推进的第三代先进压水堆技术方案——"华龙一号"是中广核集团和中核集团在"ACPR1000+"和ACP1000的基础上进行充分研究论证和融合优化，共同开发的第三代百万千瓦级压水堆核电技术，在设备制造、运行维护等核心领域拥有自主知识产权，满足全面参与国内和国际核电市场的竞争要求，获得了证券交易所就该技术符合"科创升级类"项目的认可。

三　应用价值

（一）为绿色金融与能源产业深度融合提供典范

习近平总书记在气候雄心峰会向世界宣布中国"双碳"目标后，全国上下立即掀起了清洁能源投资建设的高潮，新能源装机规模快速上升，呈现加速发展之势。广西能源集团以"双碳"目标为引领，坚持把绿色发展理念贯穿企业生产经营全过程，坚持把"碳达峰、碳中和"纳入企业发展战略全局，以推进产业绿色发展为主线，着力推动布局优化和结构调整，着力推动绿色低碳和高质量发展，积极创新绿色金融产品。

该期债券在吸收广西能源集团此前成功发行的各类债券等成功经验的基础上，进一步深挖募投项目的绿色、科创属性，是广西能源集团贯彻落实自治区政策的体现，是绿色金融与能源产业深度融合的示范，有助于推动全国能源行业绿色低碳转型。

（二）丰富绿色金融产品"工具箱"，拓宽绿色融资渠道

该期债券首创"绿色+科创+低碳可持续挂钩"三贴标，是对当前绿色金融市场的又一次重要探索。广西能源集团因此荣获"2023年度绿色发展固定收益产品优秀发行人"称号，体现了深交所对广西能源集团优质发行主体的认可和该期债券高质量的肯定。

该期债券的成功发行促使了证券交易所债券品种进一步丰富拓展，推动了绿色相关券种的发展，显著拓展了绿色债券市场的深度与广度，丰富了绿色金融产品"工具箱"，有效拓宽了企业绿色融资渠道，为相关企业通过更多渠道获得用于清洁能源项目建设、节能减排技术改造以及可持续基础设施建设的资金，为降低融资成本、提高资金配置效率提供了有效的示范。

（三）促进科技成果向现实生产力转化，助力我国核电技术自主化水平及国际竞争力提升

该期债券为防城港核电二期项目提供了坚实的资金支持。防城港核电站作为中国核电技术发展的重要阵地，不仅在国内核电布局中占据关键位置，更在推动科技成果转化为现实生产力、提升我国核电技术自主化水平及国际竞争力方面扮演着至关重要的角色。"华龙一号"技术方案的提出与实施，标志着中国核电从"引进吸收"到"自主研发"的重要跨越，对于打破国外技术垄断、保障国家能源安全具有深远的战略意义。防城港核电二期项目的成功投产商运

进一步推动中国核电品牌走向世界，对推动全球能源结构转型、实现低碳发展目标具有重要意义。

本文组织编写团队：广西能源集团有限公司

中国国际金融股份有限公司

国海证券股份有限公司

执笔人：唐尚亮、李屹涛、孔繁明

探索有限合伙企业财产份额质押融资新模式 激活广西区域私募股权基金市场

为深入贯彻落实中国人民银行等13部委联合印发的《广西壮族自治区建设面向东盟的金融开放门户总体方案》和国务院印发的《中国（广西）自由贸易试验区总体方案》精神，在中共广西壮族自治区委员会金融委员会办公室（以下简称"自治区党委金融办"）和广西壮族自治区市场监督管理局（以下简称"自治区市场监管局"）等单位的指导和支持下，广西北部湾股权交易所股份有限公司（以下简称"广西股交"）主动作为，以有限合伙企业财产份额出质登记试点为抓手，成功落地有限合伙企业财产份额质押融资新模式，有效激活了广西区域私募股权基金市场。

一 案例简介

（一）背景情况

截至2024年6月30日，广西区内正常存续的有限合伙企业5000多家，合计认缴出资额约6600亿元，每年新注册企业的认缴出资额近千亿元。在这些企业中，有限合伙企业形式的私募股权基金资产规模达1400亿元，其中国资背景的创投基金展现出强劲增长势头，对广西的产业结构升级和经济高质量发展起到了显著的推动作用。区外先进经验表明，优秀的创投基金有助于企业引进先进技术，提升企业管理水平，提高产业链协作效率，为广西经济挖掘更多的融资渠道和投资机会，促进资本市场发展。在招商引资方面，创投基金也发挥着为各地市引入高端创业项目和优质企业、推动当地经济发展和产业升级、改善投资环境、提高经济竞争力、吸引更多的投资者和企业前来投资和创业等重要作用。

截至目前，国家尚未就有限合伙企业财产份额出质登记出台法律法规，仅部分省份出台了规范性文件并开展试点工作。随着广西股交有限合伙企业财产份额出质登记试点的落地，广西区内市场对有限合伙企业财产份额出质的应用案例与日俱增。财产份额质押不仅有助于盘活区内庞大的存量资产，增强合伙人资金流动性，还能够为广西吸引更多区外投资。投资机构通过出质有限合伙企业财产份额从市场上获取资金支持，能够增强其投资广西的信心，提升广西投资环境的活力，为广西经济发展注入新的动力，推进广西金融创新开放，提升广西面向东盟的金融服务能力。

（二）主要做法

1. 加强顶层设计，创新商事登记与融资市场联动

在广西开展试点前，全国只有浙江、广东等少数发达地区开展有限合伙企业财产份额出质登记业务，西部 12 个省份对于有限合伙企业财产份额的出质登记仍属空白。根据《广西壮族自治区人民政府办公厅关于加快推动广西资本市场高质量发展的意见》（桂政办发〔2021〕4号）中关于"建立区域性股权市场与市场监管部门对接机制"的要求，自治区党委金融办与广西股交联合自治区市场监管局，收集整理了 13份各省份关于有限合伙企业财产份额出质登记的政策文件，认真研究各省份的实操情况，并结合广西实际，对当前环境进行研判。分析认为，现阶段广西有限合伙企业注册规模尚未达到北京、上海水平，出台有限合伙企业财产份额出质的地方行政法规条件还不成熟。但从体制机制方

面，可借鉴广东省地方金融监督管理局与广东省市场监督管理局做法，以试点方式出台地方政府规范性文件，通过商事登记的制度创新，激发广西有限合伙企业直接融资市场的千亿资金潜力。

2. 强化基本功能，发挥区域性股权市场的基础作用

在经营活动中，有限合伙企业财产份额作为权益资产，合伙人对所持份额出质需求具有普遍性，这要求有限合伙企业财产份额必须具有流动性。自治区党委金融办和自治区市场监管局深化简政放权、优化服务改革，充分发挥市场在资源配置中的决定性作用，推出有限合伙企业财产份额出质试点，构建高水平社会主义市场经济体制。广西股交作为广西资本市场重要的金融基础设施和证券托管登记机构，在广西区内各类金融机构中具有不可替代的作用，通过创新交易模式、创新融资服务功能，积极配合试点建设，主动挖掘试点的应用场景，以满足市场需求。

3. 认真梳理需求，科学打造有限合伙企业财产份额出质体系

自治区党委金融办履行推动金融服务发展、防范化解金融风险的职能，广泛征求区内参与有限合伙企业投资的各类市场主体意见，了解业务需求；自治区市场监管局立足市场主体登记职责，认真梳理有限合伙企业注册登记流程，参考股权质押登记、动产抵押的经验做法，积极提供意见和建议。经过反复研究论证，先后6次修改试点路径方案，完成《关于规范开展非上市企业股权集中托管和股权质押融资工作的指导意见》初稿。自治区党委金融办、自治区市场监管局广泛征求自治区财政厅、国资委、工业和信息化厅、科技厅、高级人民法院、农村信用社联合社等有关职能部门的意见和建议，组织座谈会进行讨论研究，反复论证试点业务的合法性与可操作性，尤其是咨询了广西属地法院及司法仲裁机构，确保制度设计既能解决问题又符合法律规定。

作为有限合伙企业财产份额出质登记试点单位，广西股交一方面积极研究分析全国沿海发达地区做法，主动与各相关政府职能部门进

行沟通；另一方面对照资本市场股权托管规则，细化财产份额出质登记流程，更新升级信息系统，打造集有限合伙企业财产份额托管、出质、变更、转让、退出等功能于一体的综合业务平台，为财产份额在出质和转让交易环节提供便利，落实开展试点的最后一个环节。经近一年的探索与发展，广西有限合伙企业财产份额出质登记业务已初具规模，有效解决有限合伙企业财产份额出质登记的难题，已形成健全的业务体系。

4. 挖掘应用场景，探索融资新模式

试点推出前后，广西股交积极走访区内各家国有投资公司及金融机构，介绍新业务的特点与优势，引起市场多方反响，并得到广西交投资本投资集团有限公司（以下简称"交投资本"）等区直企业、市直企业基金管理业务板块机构的大力支持。交投资本旗下管理着广西区内众多基础设施建设基金，经过与其多次沟通和协商，最终实现广西首单有限合伙企业财产份额质押融资落地。这项创新举措更好地盘活了存量基础设施建设基金，缓解了社会资本参与基础设施项目，尤其是铁路、高速公路建设面临的周期长、资金需求大的流动性紧张难题。

（三）取得的成效

1. 推动广西首单有限合伙企业财产份额出质登记落地

2022 年末，广西首单有限合伙企业财产份额出质登记业务在广西股交顺利办结，标的为区内某基础设施建设专项基金财产份额，质权人与出质人均为大型国企，担保债权数额达 4.63 亿元，标志着广西区内有限合伙企业财产份额质押融资试点落地，实现了有限合伙企业财产份额出质登记在广西从无到有的突破。这项举措为有限合伙企业财产份额出质登记提供了合规渠道，为广西融资市场提供了更加便捷、高效的创新服务，也为广西金融开放开发提供了支持，为广西的金融业发展注入了新的活力。

2. 盘活存量资产为企业发展注入活水

广西股交在推进股份质押登记业务方面，不断探索创新，积极拓展业务范围，逐步获得市场主体的认可。目前已有含银行、保理、信托、小贷、产业引导基金、私募股权基金管理公司、国有企业、专精特新企业等在内的多方面市场机构选择在广西股交办理股份质押登记业务，业务规模不断扩大。截至 2024 年 6 月 30 日，广西股交已累计登记托管有限合伙企业 16 家，累计登记托管财产份额 144.94 亿份；完成 20 笔有限合伙企业财产份额质押登记，帮助企业实现融资 51.55 亿元。通过推广有限合伙企业财产份额质押登记业务，帮助更多企业拓宽融资渠道、提升融资能力，切实以金融创新增强金融服务实体的能力。

二　创新点

（一）创造广西有限合伙企业财产份额质押融资新模式

《民法典》第 443 条明确"质权自办理出质登记时设立"的一般原则，但《合伙企业法》对质权生效要件并未进行明确，有限合伙企业财产份额出质的登记机构和具体细则也未有法规予以明确。在广西股交获得业务试点之前，广西没有办理有限合伙企业财产份额出质的登记机构，财产份额持有人一般以合同约定、公证协议等方式办理出质，因登记机构不明确而存在瑕疵，不利于保护质权人合法权益。因此，有效解决有限合伙企业财产份额出质登记机构缺失问题，有利于促进财产份额出质登记手续合法合规化，进一步保障质押权人的权利，形成业务风险管理闭环，切实增强有限合伙企业财产份额流动性，创造新的融资模式。这项业务的落地推广进一步促进了私募股权基金与广西资本市场的联动发展，为广西企业提供了更好的融资渠道和更加完善的资本市场环境，有利于推动广西经济的转型升级。

（二）增加资金供给渠道，助力广西地方建设

广西产业投资基金和基础设施建设基金大部分是以有限合伙企业形式设立，其特点是投资额高、存续期限长，能够长期稳定地支持广西的经济发展。在基金的存续期，这些基金的合伙人可以将有限合伙企业财产份额进行质押融资，提高资金利用效率。有限合伙企业财产份额质押融资开辟了新的融资渠道，为广西地方建设提供更多的资金支持。

（三）运用区块链技术，科技赋能登记效力提升

广西股交作为广西唯一的区域股权市场运营机构，积极参与中国证监会区块链建设试点工作，定期将有限合伙企业财产份额出质登记业务数据通过广西股交自建区块链报送至中国证监会监管链。同时，广西股交也在积极引入深圳证券交易所下属金融科技公司的技术支持，优化出质登记办理流程，将办理流程与登记信息在区块链上进行存证。这将有助于提高出质登记的服务效率和质量，保证登记信息的真实性和完整性，从而提升登记效力，保护质押双方的利益和权益。

三　应用价值

（一）盘活有限合伙企业财产份额资产，结构化实现直接融资

以有限合伙企业形式注册的投资基金，其投资期限为 5~7 年，合伙人投入资金规模动辄上亿元，在退出前所投资金被长期锁定。试点实施后，企业合伙人可将所持有限合伙企业财产份额出质，以获取资金满足流动性需求；有限合伙企业财产份额可作为金融机构信贷投放的押品，满足风险控制基本要求；市场融资各主体可通过交易结构安排，解决向金融机构融资时缺乏押品的难点；同时也有助于发挥区域股权市场

的地方金融基础设施服务功能，创新融资模式，激发市场活力。有限合伙企业财产份额出质登记试点首单落地后，产投资本、广投资本、旅发投资、交投资本、北港金投等广西区内主要国资基金管理人及其管理基金份额持有人均表明了业务意向。这一创新模式的推广将有效盘活有限合伙企业数千亿元存量资产，提高存量资产流动性，有利于引资入桂，增强社会资本参与广西建设面向东盟的金融开放门户的信心，对推动实现地方经济高质量发展具有十分重要的实践意义。

（二）保障财产份额出质双方权益，降低区域投融资风险

试点落地之前，广西有限合伙企业财产份额出质方式大致分为三种：一是通过公证质押合同方式明确质押双方权利义务；二是到中国人民银行征信中心进行网上登记；三是签署合同后，不做登记。这三种方式从质权生效的要件看，均存在法律瑕疵：一是公证质押合同不能替代登记生效要件，国内已有法院判例判决该方式质权不生效，投资人因此自行承担损失；二是中国人民银行征信中心登记的范围是动产和权利担保，2022 年 2 月 1 日生效的《动产和权利担保统一登记办法》已将基金份额的质押排除在外，中国人民银行征信中心网上登记无法确保质权设立；三是以合同约定，不做登记，质权未生效。

以试点方式开展有限合伙企业财产份额出质登记，确保出质人与质权人双方设立的质权生效，有利于保障双方合法权益。现阶段在广西区内注册的私募股权基金绝大多数以有限合伙企业形式设立，私募股权基金投资人是有限合伙企业财产份额持有人。财产份额出质登记手续的完善，一能增强投资人实缴投资份额的动力，吸引更多资金参与私募股权基金投资；二能解决有限合伙企业财产份额应用为金融机构信贷业务押品的难题，合法合规地将其作为押品办理出质登记，增加信贷资金投放规模；三能促进私募股权基金管理人扎实做好底层项目投资，激活广西区域私募股权基金市场。有限合伙企业财产份额的出质登记试点，能有效降低区域

投融资风险，进而推动完善区域内私募股权募集、投资、管理、退出机制，为后续广西申请中国证监会私募股权基金财产份额转让试点奠定基础。

（三）"政府指导+市场主体"，持续优化区域营商环境

该案例中，政府相关职能部门与市场运营主体积极沟通协调，建立常态的联动对接机制，及时发现市场存在的问题，通过多方调研学习，主动解决市场痛点。

自治区党委金融办、自治区市场监管局作为政府相关职能部门，敢于先行先试，提供政策指导，对有限合伙企业财产份额出质登记进行了闭环管理，共同深化金融体制改革，依法将试点业务数据全部纳入监管范围，守住不发生系统性风险底线，为有限合伙企业财产份额的流通提供了制度保障，为广西金融机构创新提供了风险防控的新选择，为激发区域直接融资市场活力、持续维护广西金融稳定奠定了坚实的基础。

广西股交作为市场运营主体，敢于创新服务模式，为地方金融服务基础设施的缺失和空白及时补位。根据监管部门要求，广西股交在办理完结财产份额出质登记后，将登记内容以函件方式抄送至有限合伙企业注册所在地市场监督管理部门，同时在中国证监会区块链建设试点中，将该模块业务数据定期报送至政府相关部门，完善业务办结闭环。

政府部门出台指导政策，市场主体落实业务模式，进而衍生出有限合伙企业财产份额质押融资新模式，对完善地方市场经济服务功能、发展新兴金融业态、持续优化区域营商环境具有创新借鉴意义。

本文组织编写团队：广西壮族自治区市场监督管理局

广西北部湾股权交易所股份有限公司

执笔人：姜俊均、粟华勇、何岩松

"知识产权质押担"助力发展新质生产力

为深入贯彻党的二十大和中央金融工作会议精神，落实习近平总书记对广西工作论述的重要要求，扎实做好科技金融大文章，支持广西构建特色型知识产权强区，助力发展新质生产力，2023年，在自治区财政厅、自治区市场监管局的指导支持下，广西融资担保集团有限公司（以下简称"融资担保集团"）创新推出"知识产权质押担"产品。该产品通过有效利用财政资金，充分发挥政府性融资担保"四两拨千斤"的杠杆作用，引导金融资源流向区内利用知识产权进行质押贷款的市场主体，缓解其融资难、融资贵、融资慢问题，进一步激发市场融资活力，促进知识产权的价值实现。

一　案例简介

（一）背景情况

中共中央、国务院和自治区党委、政府高度重视知识产权强国、强区建设。在国家层面，中共中央、国务院印发的《知识产权强国建设纲要（2021—2035年）》提出"实施知识产权强国战略""建设制度完善、保护严格、运行高效、服务便捷、文化自觉、开放共赢的知识产权强国"；在自治区层面，《广西壮族自治区知识产权保护和运用"十四五"规划》《广西落实〈知识产权强国建设纲要（2021—2035年）〉实施方案》等重要文件印发，知识产权强区建设目标任务纳入自治区、设区市绩效考核。强化知识产权保护各项改革措施的落地实施，大大激发了市场主体的创新热情。截至 2022 年底，全区有效发明专利 3.20 万件，同比增长 12.59%；全区每万人口高价值发明专利拥有量 1.84 件，同比增长 15.72%；全区有效注册商标 46.14 万件，同比增长 18.61%；全区 PCT 专利申请 163 件，同比增长 28.35%。①

在创新知识产权金融服务方面，自治区市场监管局与 13 家国有及地方性银行金融机构签订战略合作协议；建立广西知识产权白名单推送机制；发布《广西知识产权质押融资十大典型案例》；创设"桂惠贷—知识产权质押贷"，年度贴息贷款计划金额达 25 亿元。2022 年，全区专利质押融资金额指标增速位列全国第一，专利质押融资金额达 42.96亿元，同比增长 544.08%；② 知识产权促进运用工作取得显著成效。2023 年，广西成功入选年度全国 4 个专利转化专项计划奖补省份，获得中央财政 1 亿元奖补资金。③

与此同时，广西知识产权保护与运用相关工作与发达地区相比仍有较大差距，地位和作用与现阶段广西经济社会高质量发展的要求还不相匹配。特别是当前广西快速发展的科技创新活动迫切需要大量资金支持，但银行业金融机构对知识产权作为质押物的认可度仍较低，使得不少产品有市场、项目有前景、技术有竞争力但有效质押物不足的创新主体难以通过知识产权质押获得融资或者获得融资金额较少从而无法满足企业需求，影响企业发展。因此亟须发挥政府性融资担保机构的杠杆效应和引流作用，引导金融资源流向知识产权质押融资领域。为此，《广西壮族自治区人民政府办公厅关于加快发展"五个金融"的实施意见》

---

① 《广西跑出知识产权强区建设"加速度"》，广西新闻网，2023 年 5 月 31 日，http://sub.gxnews.com.cn/staticpages/20230531/newgx64770eaf-21185422.shtml。

② 李新雄：《改变"沉睡"专利 "有货无市"现状 广西知识产权强区建设持续提速》，《广西日报》2023 年 4 月 10 日。

③ 《变"利"为宝！广西扎实推进专利转化运用促进经济高质量发展》，广西壮族自治区市场监督管理局网站，2024 年 6 月 3 日，http://scjdglj.gxzf.gov.cn/xwdt/qjdt/t18516885.shtml。

（桂政办发〔2022〕65号）提出，完善知识产权质押融资风险分担和损失补偿机制，支持将知识产权、股权、存货等纳入反担保范围；《推进知识产权强区建设若干举措》《关于营造更好环境支持科技型中小企业研发的实施方案》等提出，探索知识产权金融模式创新，鼓励政府性融资担保机构为知识产权质押融资等提供担保服务。

（二）主要做法

1. 深入开展专利转化专项资金合作

融资担保集团与自治区市场监管局签订战略合作协议，深化政担合作，共同扩大知识产权质押融资规模。在自治区财政厅、自治区市场监管局的大力支持下，融资担保集团顺利完成"知识产权质押融资担保"资金项目申请、绩效评估等工作，将财政资金2000万元以"拨改担"方式拨入融资担保集团作为资本金，用于推出"知识产权质押担"产品。通过创新运用财政资金，增强政府性融资担保机构的实力，发挥政府性融资担保工具的放大功能，为知识产权质押融资市场薄弱领域提供持续、有效的金融服务，助力解决中小微企业融资难问题。

2. 创新推出"知识产权质押担"产品

融资担保集团针对"银行在对知识产权进行价值认定时面临的评估、审批、风控等难度"和"企业在进行贷款融资时面临的缺乏实体质押物等困境"的矛盾情况，创新推出"知识产权质押担"产品，推出"政策支持+银行贷款+担保增信+知识产权质押"的融资模式，由融资担保集团引导广西区内政府性融资担保体系成员（以下简称"体系成员"）支持企业采用知识产权作为反担保工具进行质押融资，担保机构对相关企业降低准入门槛，简化知识产权价值评估流程，采信银行对企业的整体调研评价提升审批效率，在让企业得以顺利高效融资的同时，进一步分担银行贷款风险，促进知识产权价值实现。

3. 印发相关业务细则，确保产品有效推行

融资担保集团为促使体系成员更加清晰明确地提供专业的担保服务，保障"知识产权质押担"产品的落实见效，印发了《"知识产权质押担"业务细则》，明确了产品的要素，包括：担保对象为在广西区内登记注册并使用知识产权质押融资的小微企业、个体工商户等；担保额度一般不超过人民币 2000 万元，"双新"项目不超过 3000 万元；担保期限原则上不超过 3 年；反担保要求采用知识产权质押，可根据实际情况增加其他反担保措施，知识产权质押登记工作可在贷款发放后完成；担保费率规定原则上 1000 万元及以下项目的不高于 1%，1000 万元以上项目的不高于 1.5%；担保方式为采用银担比例分险业务模式开展。

4. 建立激励约束机制

一方面，融资担保集团根据体系成员的担保能力、其所在城市的企业融资需求和知识产权质押情况等因素进行分析研判后，对各体系成员进行当年"知识产权质押担"产品的投放任务预分解，压实体系成员业务责任。另一方面，通过给予落实"知识产权质押担"产品的体系成员再担保费减免奖励的方式，提高体系成员开展该项业务的积极性，加大对知识产权质押融资领域的担保支持力度。

5. 联合开展知识产权质押宣传的专项行动

在自治区市场监管局的指导下，建立企业知识产权质押融资需求清单，并建立企业信息共享机制，融资担保集团联合体系成员开展体系培训会议，讲解知识产权质押政策，引导体系成员主动对接有融资需求的企业客户，开展全国知识产权转化运用行动，通过新媒体对"知识产权质押担"产品进行全国发布，推动扩大知识产权质押覆盖面，积极采用知识产权作为反担保工具，大力开展知识产权质押融资担保业务。

6. 建立知识产权质押登记工作协调联络机制

融资担保集团牵头建立自治区市场监管局相关处室、国家知识产权局专利局南宁代办处、体系成员等多方工作交流平台，加强信息共享，组织开展知识产权质押登记业务线上培训，推动开设专利质押登记绿色通道，及时解决专利质押登记过程中遇到的各类问题困难，提高知识产权质押登记办理效率。

（三）取得的成效

2023 年，融资担保集团联合体系成员完成知识产权质押担保贷款 148 笔、139 户，质押融资金额 7.67 亿元，户均融资金额 552 万元，充分发挥担保杠杆放大作用，2000 万元的财政资金放大倍数达 38 倍，企业获贷年化平均综合融资成本 4.41%（含担保费），合作银行包括十余家国有及地方性银行，有效缓解了企业采取知识产权进行质押融资时的难、贵、慢问题。"知识产权质押担"产品成效获得自治区财政厅、自治区市场监管局等相关部门认可，并被写入自治区党委办公厅和自治区人民政府办公厅联合印发的《广西深化知识产权运行机制改革促进经济高质量发展若干措施》。

二　创新点

（一）政策支持与引导的创新

一是"知识产权质押担"产品创新了财政资金支持实体经济发展的使用方式，将财政资金作为资本金注入融资担保集团，通过担保的放大作用惠及更多市场主体，以市场化和专业化的管理模式循环撬动更多资金，使得财政资金持续发挥支持企业知识产权质押融资的作用。二是相较于其他金融产品将政府政策作为一个指导方向，"知识产权质押担"产品更充分融合政府部门优势，发挥好政府政策"指挥棒"作用。在"知识产权质押担"产品落地过程中，自治区市场监管局协助收集融资名单、召开担保内部培训会和产品推介宣传会、提供专人解决"知识产权质押担"相关问题并与企业沟通质押事宜等，切实保障了产品的有效运行与铺开。

（二）融资模式与风险分担的创新

一是"知识产权质押担"产品打破了传统以不动产为质押物的融资模式，支持企业以其拥有的知识产权作为质押物，极大地拓宽了企业的融资渠道，尤其是拥有大量知识产权但缺乏传统质押物的轻资产、重无形的科技型企业。二是相较于传统融资模式的单一性，"知识产权质押担"产品积极探索多种融资模式，以满足不同企业的融资需求，例如与其他金融资产结合，形成组合式融资方案，提高企业融资成功率。三是将知识产权质押与政府性融资担保体系相结合，通过风险共担方式，减轻银行业金融机构的风险承担压力，提高整体风险防控能力。

（三）服务流程与效率的创新

一是"知识产权质押担"产品通过对企业的整体化评价，解决了单独对知识产权进行估值的难题，提升了知识产权价值转换效率，将企业整体能力作为评价对象，简化评估流程、缩短审批周期、提升服务质量。二是"知识产权质押担"产品聚焦重点服务对象，为企业提供知识产权质押融资咨询、协助登记、担保融资等一站式服务，在降低企业融资成本和时间成本的同时，提高融资的便利性和可及性。

三　应用价值

（一）支持发展新质生产力的重要金融工具

2023 年 9 月，习近平总书记在黑龙江考察调研期间首次提到"新质生产力"；2023 年中央经济工作会议强调，以科技创新推动产业创新，特别是以颠覆性技术和前沿技术催生新产业、新模式、新动能，发展新质生产力。"知识产权质押担"产品是助力广西构建特色型知识产权强区的重要工具，也是支持广西发展新质生产力的重要金融工具，通过引导更多金融资本投向拥有自主知识产权成果的企业，促进知识产权与金融资本的深度融合，形成"科技—产业—金融"良性循环，进而支持高新技术产业和战略性新兴产业的发展，加快培育新质生产力，推动经济高质量发展。

（二）促进知识产权价值实现的创新路径

以往知识产权价值实现面临着价值评估难度大、市场流通性不足、质押融资风险高、法律保护不完善等问题，"知识产权质押担"产品开辟了一条以无形资产为基础的融资新途径，使企业能够利用知识产权获取资金，加速知识产权价值的货币化，通过质押担保使知识产权在市场上进行流通，实现其潜在经济价值，同时从侧面推动了知识产权评估体系的完善、管理和运营水平的提升、营商环境的优化改善等。

（三）推动金融产品和服务创新的实践案例

"知识产权质押担"产品"政策支持+银行贷款+担保增信+知识产权质押"的融资模式，丰富了金融市场的产品线，让其他银行、担保公司等金融机构在面临当前知识产权价值评估和转化难度较大的困境下找到新的业务视角和增长点，以"知识产权质押担"产品为范例来不断创新个性化的金融服务手段，丰富知识产权价值评估、管理和风险控制方面的经验。此外，"知识产权质押担"产品的不断优化和普及，也将促使更多企业意识到知识产权的价值，主动将其拥有的知识产权转化为实际的融资工具，助力推动相关政策的完善、知识产权交易平台的建设和对知识产权的保护等。

本文组织编写团队：广西壮族自治区财政厅
广西壮族自治区市场监督管理局
广西融资担保集团有限公司
执笔人：李佩鸿、陆启周、蒋辛如

图书在版编目（CIP）数据

面向东盟的金融开放门户改革创新典型案例 . 2023 ／
中共广西壮族自治区委员会金融委员会办公室编 .
北京：社会科学文献出版社，2025. 2. --ISBN 978-7
-5228-5064-1

Ⅰ. F832. 6；F833. 306

中国国家版本馆 CIP 数据核字第 20257V89K8 号

面向东盟的金融开放门户改革创新典型案例（2023）

编　　者／中共广西壮族自治区委员会金融委员会办公室

出 版 人／冀祥德
责任编辑／王玉山　徐崇阳
文稿编辑／王　娇
责任印制／王京美

出　　版／社会科学文献出版社（010）59367143
　　　　　地址：北京市北三环中路甲 29 号院华龙大厦　邮编：100029
　　　　　网址：www. ssap. com. cn
发　　行／社会科学文献出版社（010）59367028
印　　装／天津千鹤文化传播有限公司

规　　格／开 本：787mm×1092mm　1/16
　　　　　印 张：16.25　字 数：224 千字
版　　次／2025 年 2 月第 1 版　2025 年 2 月第 1 次印刷
书　　号／ISBN 978-7-5228-5064-1
定　　价／118.00 元

读者服务电话：4008918866